新的使命和担当

——《新时期产业工人队伍建设改革方案》解读

李玉赋　主编

中国工人出版社

图书在版编目（CIP）数据

新的使命和担当：《新时期产业工人队伍建设改革方案》解读 / 李玉赋主编.
—北京：中国工人出版社，2017.6
ISBN 978-7-5008-6636-7
Ⅰ.①新… Ⅱ.①李… Ⅲ.①产业工人—人才管理—研究—中国 Ⅳ.①C962
中国版本图书馆CIP数据核字（2017）第049757号

新的使命和担当——《新时期产业工人队伍建设改革方案》解读

出 版 人	芮宗金
责任编辑	王 薇
责任校对	孙逎伟
责任印制	栾征宇
出版发行	中国工人出版社
地 址	北京市东城区鼓楼外大街45号 邮编：100120
网 址	http://www.wp-china.com
电 话	（010）62005043（总编室） （010）62005039（出版物流部） （010）82075935（工会与劳动关系分社）
发行热线	（010）62004002 （010）82081553（传真）
经 销	各地书店
印 刷	北京市密东印刷有限公司
开 本	700毫米×1000毫米 1/16
印 张	13
字 数	170千字
版 次	2017年6月第1版 2017年6月第1次印刷
定 价	35.00元

本书如有破损、缺页、装订错误，请与本社出版物流部联系更换

主　　　编：李玉赋

副　主　编：邓　凯　阎京华

执行副主编：吕国泉

编　　　辑：王娇萍　陶志勇

序

建设宏大的产业工人队伍
唱响新时代的劳动者之歌

全国总工会党组书记、副主席、书记处第一书记
推进产业工人队伍建设改革协调小组组长
李玉赋

工人阶级是我国的领导阶级，产业工人是工人阶级的主体力量。在全国上下喜庆“五一”国际劳动节之际，中共中央、国务院印发了《新时期产业工人队伍建设改革方案》。我们要把思想和行动统一到党中央的决策部署上来，推进产业工人队伍建设改革，着力建设一支宏大的产业工人队伍，积极发挥新时期工人阶级主力军作用。

一、习近平总书记重要论述为产业工人队伍建设提供了行动指南

习近平总书记高度重视工人阶级，时刻牵挂着广大产业工人，多次就全心全意依靠工人阶级、推进产业工人队伍建设发表重要讲话、作出重要指示，提出了一系列新思想新观点新要求。

2013 年 4 月 28 日，习近平总书记在全总机关同全国劳动模范代表座谈时明确指出，全心全意依靠工人阶级不能只当口号喊、标签贴，而要贯彻到党和国家政策制定、工作推进全过程，落实到企

业生产经营各方面。2013 年 10 月 23 日，习近平总书记在同全总新一届领导班子集体谈话时强调，实现中华民族伟大复兴的中国梦，根本上要靠包括工人阶级在内的全体人民的劳动、创造、奉献。2015 年 4 月 28 日，习近平总书记在庆祝“五一”国际劳动节暨表彰全国劳动模范和先进工作者大会上明确指出，在前进道路上，我们要始终高度重视提高劳动者素质，培养宏大的高素质劳动者大军；工人阶级和广大劳动群众始终是推动我国经济社会发展、维护社会安定团结的根本力量。2016 年 4 月 26 日，习近平总书记在知识分子、劳动模范、青年代表座谈会上指出，素质是立身之基，技能是立业之本。无论从事什么劳动，都要干一行、爱一行、钻一行。在工厂车间，就要弘扬“工匠精神”，精心打磨每一个零部件，生产优质的产品。2016 年 10 月 10 日，习近平总书记在全国国有企业党的建设工作会议上强调，坚持全心全意依靠工人阶级的方针，是坚持党对国有企业领导的内在要求，要在政治上保证、制度上落实、素质上提高、权益上维护，不能当口号喊。

习近平总书记站在党和国家工作大局的战略高度，充分肯定产业工人是工人阶级主体力量，深刻回答了我国工运事业特别是推进产业工人队伍建设及其改革的一系列重大理论和实践问题，深化了我们党对产业工人队伍发展变化与特点规律的认识，发展了马克思主义工人阶级理论和劳动学说，指明了新的历史条件下我国产业工人队伍的历史使命和责任担当，具有很强的战略性、思想性、针对性，是习近平总书记系列重要讲话精神和治国理政新理念新思想新战略的重要组成部分，为激发产业工人创新创造创优的热情和活力、发挥好新时期工人阶级主力军作用提供了行动指南。

二、建设宏大的产业工人队伍是一项重要而紧迫的任务

党中央就产业工人队伍建设改革专门进行谋划和部署，释放了坚持以人民为中心的发展思想和全心全意依靠工人阶级方针的强烈信号，发出了推进产业工人队伍建设改革的动员令。我们要从巩固党的执政基础、实施制造强国战略和振兴实体经济、维护产业工人合法权益和实现产业工人全面发展的高度，切实增强建设宏大的产业工人队伍的责任感使命感。

*巩固党的执政基础的迫切需要。*工人阶级是我国的领导阶级，是我国先进生产力和生产关系的代表，是改革开放和社会主义现代化建设的主力军，是我们党执政的阶级基础和群众基础，而产业工人是工人阶级中发挥支撑作用的主体力量。中国的革命、建设和改革，离不开产业工人的历史贡献。无论是在如火如荼的革命战争年代，还是在热火朝天的和平建设时期，我国产业工人始终在中国共产党的领导下，勇敢地担负起历史使命，为实现国家富强和人民幸福建立了不朽功勋。进入改革开放新时期以来，在建设中国特色社会主义事业的火热实践中，产业工人发扬主人翁精神，开拓进取、艰苦创业，为深化改革、促进发展、维护稳定作出了重大贡献。历史和现实充分证明，始终坚持全心全意依靠工人阶级，充分发挥产业工人主力军作用，是我们党的一个突出政治优势，也是中国特色社会主义的一个鲜明特点。在改革和发展进程中，包括产业工人在内的工人阶级结构发生了重大而深刻的变化，但社会主义基本制度没有变，党和国家的性质没有变，工人阶级是党执政的阶级基础、群众基础地位没有变，产业工人仍然是全面建成小康社会、坚持和发展中国特色社会主义的主力军。推进产业工人队伍建设改革，对巩固党的执政基础、扩大党的群众基础有着极为重要的作用。

实施制造强国战略、振兴实体经济的迫切需要。当前，全球化深入发展、新兴经济体快速崛起，新一轮科技革命和产业变革与我国加快转变经济发展方式形成历史性交汇，国际产业分工格局正在重塑。世界各国都在努力推动经济结构调整和技术创新，寻找促进经济增长的新出路。我国正处在由第一个百年奋斗目标向第二个百年奋斗目标迈进的重要节点，经济发展进入新常态，改革进入深水区，我国经济在保持长期向好势头的同时，也面临诸多矛盾叠加、各种风险隐患交汇的挑战，产能过剩和需求结构升级矛盾突出，实体经济发展面临多重困难。实体经济是我国发展的根基。要以创新引领实体经济转型升级、结构优化，不断提高质量、效益和竞争力。产业工人是创造社会财富的中坚力量，是创新驱动发展的骨干力量，是实施制造强国战略的有生力量，在加快产业转型升级、推动技术创新、提高企业竞争力等方面具有基础性作用。通过建设一支宏大的产业工人队伍，促进我国经济社会持续健康发展，使我国在新一轮科技革命和产业变革中抢占先机、赢得主动。

提高产业工人队伍素质的迫切需要。党的十八大以来，以习近平同志为核心的党中央坚持以人民为中心的发展思想和全心全意依靠工人阶级的方针，围绕产业工人队伍建设制定一系列政策措施，产业工人队伍建设改革取得新的进展，产业工人已达 2 亿左右。但也应该看到，产业工人队伍建设还存在一些亟待解决的问题。如产业工人技能素质总体不高、结构不合理，技术工人总量不足，初级工、中级工占比达到 73%，高级技工数量占比不到 4%，高技能人才比重远低于西方发达国家特别是一些制造业强国 30% ~ 40% 的水平；74% 的农民工为初中及以下文化程度，六成以上没有接受过非农职业技能培训；在非公有制企业、小微企业，技术工人更是严重匮乏。产业工人队伍建设也存在一些体制机制障碍，技能形成缺乏顶层设计，职业教育、普通教育和职业技能培训之间协调衔接不够，产业工人职业发展通道不畅，人力资本投入不足，相关法律法规政策需要进一步完善落实，等等。提高产业工人素质成为当务之急。

三、加快推进产业工人队伍建设改革

要按照政治上保证、制度上落实、素质上提高、权益上维护的总体要求，针对影响产业工人队伍发展的突出问题，采取有力举措，加快改革步伐，创新体制机制，提高产业工人素质，畅通发展通道，依法保障权益，确保改革任务落地见效。

*在政治上保证，彰显产业工人主人翁地位。*要充分认识到，长期以来我们党始终坚持全心全意依靠工人阶级的方针，高度重视我国工人阶级地位和作用。建立健全党委领导、政府负责、工会推动、企业和社会等共同参与的工作格局，把产业工人队伍建设纳入国家和地方经济社会发展规划。保障产业工人的政治地位和民主权利，推进协商民主广泛多层制度化发展，畅通产业工人源头参与渠道，保障和不断发展广大产业工人依法、有序、广泛参与管理国家事务和社会事务、管理经济和文化事业。大力加强企业党组织建设，继续推进非公企业和社会组织党建工作“两个覆盖”，充分发挥党的组织功能、组织优势、组织力量，加大在产业工人队伍中发展党员力度，把技术能手、青年专家、优秀工人吸收到党组织中来，提高工人党员比例。推进“两学一做”学习教育常态化制度化，融入日常、抓在经常，坚持学做结合、以知促行，保证广大产业工人党员以身作则，发挥先锋模范作用。宣传产业工人的地位作用和重要贡献，使劳动光荣、技能宝贵、创造伟大的时代风尚更加

浓厚，增强广大产业工人为实现党确定的宏伟目标共同奋斗的责任感使命感。

在制度上落实，为产业工人发挥骨干作用提供保障。加强与产业工人队伍建设相关的法律法规的制定和修改工作，推进修订职业教育法，研究技术资格方面的立法，切实保障产业工人接受教育和培训权利。健全协调劳动关系三方机制、政府与工会联席（联系）会议制度等，从源头上保障产业工人参与法律法规政策的制定。完善工资平等协商机制、正常增长机制、支付保障机制，健全向一线产业工人倾斜的分配制度。落实和完善以职工代表大会为基本形式的民主管理制度，推进厂务公开、业务公开，探索符合不同所有制企业特点的职工代表大会职能和形式，督促企业在重大决策上听取职工意见，涉及职工切身利益的重大问题必须经过职代会审议。坚持和完善职工董事制度、职工监事制度，鼓励职工代表有序参与公司治理。

在素质上提高，促进产业工人全面发展。加强产业工人理想信念教育，引领团结广大产业工人自觉践行社会主义核心价值观，夯实道路自信、理论自信、制度自信、文化自信。积极创新思想政治工作的思路理念，通过生动活泼、灵活多样、喜闻乐见的方式，扎实细致地做好产业工人思想政治工作。在产业工人中进行爱岗敬业、甘于奉献的职业精神教育和职业素养教育，重视家庭家教家风教育，引导和培育健康文明、昂扬向上的职工文化，大力弘扬劳模精神、劳动精神、工匠精神。加强面向产业工人的法治教育，提高他们的法律素养和诚信意识。完善现代职业教育制度，创新各层次各类型职业教育模式，加强技术技能培训力度，强化和落实企业培养产业工人的主体责任，引导企业通过岗位练兵、岗位培训、劳动和技能竞赛、建立职工创新工作室、劳模创新工作室等方式，开展多层次、多样化培训，为产业工人成长创造良好条件，培养更多高技能人才和“大国工匠”。

在权益上维护，实现产业工人共建共享。努力创造平等就业环境，实施更加积极的就业政策，支持广大产业工人积极就业、大胆创业。高度关注供给侧结构性改革中钢铁煤炭等行业化解过剩产能中的产业工人权益问题，通过鼓励企业吸纳、公益性岗位安置、社会政策托底等多种渠道帮助就业困难人员，确保安置分流有序、社会和谐稳定。坚持产业工人收入增长和经济增长同步、劳动报酬提高和劳动生产率提高同步，提高技术工人待遇，增加产业工人收入，使产业工人在共建共享发展中有更多获得感。健全社会保险制度，加大城市困难职工解困脱困的帮扶和保障力度，分类施策、精准帮扶，努力做好困难职工解困脱困工作，推动实现不让一人掉队的全面小康。完善劳动安全卫生政府监察和群众监督机制，督促企业改善劳动安全卫生条件，保障职工群众生命安全和健康权益。

工会作为党领导的工人阶级群众组织，要以义不容辞的使命感、勇于担当的事业心和奋发有为的创造性，运用好各方面资源，努力推动产业工人队伍建设改革，切实肩负起团结引导亿万职工听党话、跟党走的政治责任，坚定维护以习近平同志为核心的党中央权威和集中统一领导，释放“工人伟大、劳动光荣”正能量，组织动员广大产业工人为实现“两个一百年”奋斗目标、实现中华民族伟大复兴的中国梦更好地发挥主力军作用。

目 录

第一部分 重要文件

第二部分 学习解读

第三部分 附录

第一部分　重要文件

习近平总书记主持召开中央全面深化改革领导小组第三十二次会议审议通过《新时期产业工人队伍建设改革方案》(节选)

新华社北京2月6日电　中共中央总书记、国家主席、中央军委主席、中央全面深化改革领导小组组长习近平2月6日上午主持召开中央全面深化改革领导小组第三十二次会议并发表重要讲话。他强调，党政主要负责同志是抓改革的关键，要把改革放在更加突出位置来抓，不仅亲自抓、带头干，还要勇于挑最重的担子、啃最硬的骨头，做到重要改革亲自部署、重大方案亲自把关、关键环节亲自协调、落实情况亲自督察，扑下身子，狠抓落实。

中共中央政治局常委、中央全面深化改革领导小组副组长李克强、刘云山、张高丽出席会议。

会议审议通过了《新时期产业工人队伍建设改革方案》、《关于加强党对地方外事工作领导体制改革的实施意见》、《关于改革驻外机构领导机制、管理体制和监督机制的实施意见》、《关于改革对外工作队伍建设的实施意见》、《关于改革援外工作的实施意见》、《关于社会智库健康发展的若干意见》、《国家科技决策咨询制度建设方案》、《关于推进公共信息资源开放的若干意见》、《按流域设置环境监管和行政执法机构试点方案》、《外国人永久居留证件便利化改革方案》、《关于深化中央主要新闻单位采编播管岗位人事管理制度改革的试行意见》、《关于实行国家机关“谁执法谁普法”普法责任制的意见》；听取了《关于全国总工会改革试点工作总结报告》、《上海市委全面深化改革领导小组关于群团改革试点工作总结的报告》、《重庆市委全面深化改革领导小组关于群团改革试点工作总结的报告》。

会议指出，工人阶级是我国的领导阶级，产业工人是工人阶级的主体力量。要从巩固党的执政基础的高度，从促进我国经济社会持续健康发展的高度，加快产业工人队伍建设改革，坚持全心全意依靠工人阶级的方针，按照“政治上保证、制度上落实、素质上提高、权益上维护”的总体思路，针对影响产业工人队伍发展的突出问题，创新体制机制，提高产业工人素质，畅通发展通道，依法保障权益，造就一支有理想守信念、懂技术会创新、敢担当讲奉献的宏大的产业工人队伍。

……

会议听取了全国总工会、上海市、重庆市群团改革试点工作总结报告，指出试点工作围绕保持和增强政治性、先进性、群众性这条主线，着力破除“机关化、行政化、贵族化、娱乐化”问题，取得明显成效。已经开展试点的群团和地方要继续在建机制、强功能、增实效上下功夫，巩固改革成果。其他群团和地方要学习借鉴试点经验，针对实际问题抓实改革举措。各级党委要切实加强对群团工作的组织领导。

会议强调，党政主要负责同志抓改革，具有重要示范作用，要以上率下，真抓实干。党中央关于改革的精神要第一时间传达贯彻，党中央部署的改革任务要积极部署落实，党中央提出的重大改革问题要认真研究解决。要在研究改革思路上发挥主导作用，把住重要改革方案的质量关，把党中央要求和地方部门实际结合起来，抓关键问题、抓实质内容、抓管用举措，不做华而不实的表面文章。要把调研贯穿改革全过程，做到重要情况、矛盾问题、群众期盼心中有数，对改革举措成效如何，要刨根问底，掌握实情。

改革越向纵深推进，遇到的硬骨头越多。看准了的事情，党政主要负责同志要敢于拍板、敢于担当，坚定不移干。对一些重大改革，其他层面协调难度大的，要敢于接烫手山芋，加强统筹协调，做好思想政治工作，营造良好氛围。各地区各部门要发挥深改领导小组作用，重要改革和重大事项要集体研究、集中部署，各方面改革工作要定期会商、及时通气。

中央全面深化改革领导小组成员出席，中央和国家机关有关部门负责同志列席会议。

（2017 年 2 月 7 日《人民日报》第一版刊发）

新时期产业工人队伍建设改革方案

习近平总书记高度重视工人阶级，十分关心产业工人队伍建设，强调工人阶级是我国的领导阶级，必须坚持全心全意依靠工人阶级方针，把提高职工队伍整体素质作为一项战略任务抓紧抓好，推动建设宏大的知识型、技术型、创新型劳动者大军，充分调动一线工人、制造业工人、农民工的积极性和创造性。产业工人是工人阶级中发挥支撑作用的主体力量，是创造社会财富的中坚力量，是创新驱动发展的骨干力量，是实施制造强国战略的有生力量。为贯彻习近平总书记重要指示精神，适应新形势新任务新要求，进一步巩固党的执政基础，实施制造强国战略，全面提高产业工人素质，现就新时期产业工人队伍建设改革制定如下方案。

一、总体要求

（一）指导思想。高举中国特色社会主义伟大旗帜，全面贯彻党的十八大和十八届三中、四中、五中、六中全会精神，坚持以邓小平理论、“三个代表”重要思想、科学发展观为指导，深入贯彻习近平总书记系列重要讲话精神和治国理政新理念新思想新战略，围绕统筹推进“五位一体”总体布局和协调推进“四个全面”战略布局，坚持稳中求进工作总基调，贯彻落实新发展理念，适应把握引领经济发展新常态，按照政治上保证、制度上落实、素质上提高、权益上维护的总体思路，改革不适应产业工人队伍建设要求的体制机制，充分调动广大产业工人的积极性主动性创造性，为实现“两个一百年”奋斗目标、实现中华民族伟大复兴的中国梦更好地发挥产业工人队伍的主力军作用。

（二）基本原则

——坚持党的领导，把握正确方向。加强和改进党对产业工人的领导，坚持全心全意依靠工人阶级的方针，坚守忠诚党的事业、竭诚服务职工的责任担当，最广泛地把产业工人组织动员起来，为实现党和国家的目标任务建功立业。

——坚持服务大局，发挥支撑作用。牢牢把握为实现中华民族伟大复兴中国梦而奋斗的工人运动时代主题，着力提升产业工人的素质能力，通过辛勤劳动、诚实劳动、创造性劳动，推动经济社会持续健康发展。

——坚持以人为本，落实主体地位。维护社会公平正义，从解决产业工人普遍关心的突出问题入手，提高产业工人的经济、政治、文化、社会地位，实现体面劳动、全面发展。

——坚持问题导向，勇于改革创新。针对不同区域、不同行业、不同规模、不同所有制企业的不同性质和特点，因地制宜、因企施策，抓住重点和难点，破除束缚产业工人队伍建设的思想观念和体制机制，清障搭台，强化保障，积极稳妥推进改革，确保改革落地见效。

（三）目标任务。把产业工人队伍建设作为实施科教兴国战略、人才强国战略、创新驱动发展战略的重要支撑和基础保障，纳入国家和地方经济社会发展规划，通过改革，产业工人队伍不断壮大、综合素质明显提高，保障产业工人地位的制度更加健全，产业工人合法权益进一步实现，劳动光荣、技能宝贵、创造伟大的时代风尚更加浓厚，造就一支有理想守信念、懂技术会创新、敢担当讲奉献的宏大的产业工人队伍。

二、主要举措

（一）加强和改进产业工人队伍思想政治建设

1. 强化和创新产业工人队伍党建工作。加大在产业工人队伍中发展党员力度，把技术能手、青年专家、优秀工人吸收到党组织中来，提高工人党员比例。适应新技术新业态新模式发展，探索不同类型企业党建工作方式方法，推进在非公有制企业、社会组织及小微企业就业的工人中发展党员的工作。大力加强企业基层党组织建设，推进“两学一做”学习教育常态化制度化，严格落实“三会一课”等党的组织生活制度，加强党员日常教育管理，发挥车间班组党组织的战斗堡垒作用和工人党员的先锋模范作用，不断增强产业工人先进性。

2. 突出产业工人思想政治引领。加强理想信念教育，引领团结产业工人坚决拥护以习近平同志为核心的党中央，自觉践行社会主义核心价值观，坚定不移听党话、跟党走。强化职业精神和职业素养教育，大力弘扬劳模精神、劳动精神、工匠精神，引导产业工人爱岗敬业、甘于奉献，培育健康文明、昂扬向上的职工文化，在精神文明建设中发挥示范导向作用。突出思想政治工作先导作用，制定加强和改进产业工人思想政治工作意见。加强法治教育，提高产业工人法律素养和诚信意识，引导产业工人依法理性有序表达利益诉求，坚决维护产业工人队伍团结统一和社会和谐稳定。

3. 健全保证产业工人主人翁地位的制度安排。适当增加产业工人在党的代表大会代表和委员会委员、人民代表大会代表、政协委员、群团组织代表大会代表和委员会委员中的比例，探索实行产业工人在群团组织挂职和兼职。健全协调劳动关系三方机制及政府和工会联席（联系）会议制度，落实以职工代表大会为基本形式的民主管理制度，推进厂务公开、业务公开，坚持企业在重大决策上听取产业工人意见，涉及产业工人切身利益的重大问题必须经过职代会审议，坚持和完善职工董事制度、职工监事制度，鼓励产业工人代表有序参与公司治理。

4. 创新面向产业工人的工会工作。坚持党建带工建，适应新时期产业工人队伍发展规模、内部结构、利益诉求、思想观念的新变化新特点，直面问题，自我革新，进一步改进工会组织体制、运行机制、活动方式、工作方法，创新国有企业工会工作，加强非公有制企业和混合所有制企业工会工作，保持和增强工会组织的政治性、先进性、群众性，把工会组织建设得更加充满活力、更加坚强有力，更好地发挥党联系职工群众的桥梁纽带作用、国家政权的重要社会支柱作用、职工利益的代表者维护者作用。

（二）构建产业工人技能形成体系

5. 完善现代职业教育制度。坚持面向市场、服务发展、促进就业的办学方向，加强职业教育、继续教育、普通教育的有机衔接，形成定位清晰、科学合理的职业教育层次结构。坚持产教融合、校企合作、工学结合、知行合一，适应经济社会发展需要，创新各层次各类型职业教育模式，紧跟产业变革和市场需求，优化专业设置、健全教学标准、更新课程内容，引导社会各界特别是行业企业积极支持职业教育，提高职业教育的针对性和实效性。制定校企合作促进办法，健全企业参与校企合作的成本补偿等政策，探索推进产教融合企业试点，打造足够数量和具备实践经验的高素质“双师型”职业教育师资队伍。组织开展各级各类创新创业教育，引导学生参与创业实践。加快发展技工教育，支持技师学院建设。

6. 改革职业技能培训制度。推进职业技能培训市场化、社会化、多元化改革，建立各类培训主体平等竞争、产业工人自主参加、政府购买服务的技能培训机制。强化和落实企业培养产业工人的主体责任，引导企业结合生产经营和技术创新需要，制定本单位技术工人培养规划和培训制度。依托企业、职业院校（含技工院校）、职业培训机构，建立现代化产业人才培养培训基地（中心）。推行国家基本职业培训包制度，构建助力产业工人学习的公共服务机制。

7. 统筹发展职业学校教育和职业培训。建立覆盖广泛、形式多样、运作规范，行业、企业、院校、社会力量共同参与的职业教育培训体系，促进学历与非学历教育纵向衔接连通、横向互通互认，搭建产业工人教育培训“立交桥”，将终身学习贯穿产业工人职业生涯全过程。鼓励名师带高徒，统筹规范现代学徒制和企业新型学徒制，推行学徒制培训。

8. 改进产业工人技能评价方式。优化职业技能等级标准，在政府指导下，由行业协会、龙头企业牵头开发职业标准和评价规范，完善职业技能等级认定政策。健全职业技能多元化评价方式，引导和支持企业、行业组织和社会组织自主开展技能评价。做好职业资格制度与职业技能等级制度的衔接。加大对技术工人创新能力、现场解决问题能力和业绩贡献的评价比重。加强面向非公有制企业、小微企业的职业技能鉴定。强化对技能鉴定机构的监督管理，提高服务水平。

9. 打造更多高技能人才。实施国家高技能人才振兴计划，创新协同培育模式，依托大型骨干企业建设示范性高技能人才培训基地，孵化拔尖技能人才，培育更多“大国工匠”。加快高技能人才专业市场建设，搭建高技能人才交流平台。鼓励企业设立高技能人才特聘岗位，对引进的高技能人才给予原单位必要的培养补偿费用。叫响做实“大国工匠”品牌。

10. 促进农民工融入城市、稳定就业。深入实施农民工学历与能力提升行动计划、农民工职业技能提升计划，帮助农民工特别是新生代农民工增加受教育培训机会，提高专业技能和胜任岗位能力。将农民工培养成为稳定就业的产业工人，公平保障其作为用人单位职工、城镇常住人口的权益，提供基本公共服务。

（三）运用互联网促进产业工人队伍建设

11. 创新产业工人队伍建设网络载体。按照国家信息化发展战略、“互联网 +”行动计划，建立健全结构清晰、数据准确、动态管理的产业工人队伍基础数据库，运用信息化手段研判分析，及时准确掌握产业工人思想状况、生产生活、技术技能。加强网上思想引领、技术交流、创新成果展示、文化建设等，举办多行业、多工种网上练兵活动。

12. 打造网络学习平台。适应工业化、信息化融合发展要求，将促进产业工人终身学习纳入城乡信息化建设，加强集师资队伍、教育内容、传播渠道、受众群体为一体的网络公共学习平台建设，优化数字学习环境，满足广大产业工人个性化学习需求，提高产业工人有效应用现代信息技术的意识和能力。建设面向职工的新媒体矩阵，开展“网聚职工正能量，争做中国好网民”主题活动，培育积极健康、向上向善的网络文化，提升产业工人网络文明素养。

13. 推行“互联网＋”普惠性服务。建设网上“职工之家”，加强与产业工人的网上互动交流，畅通产业工人诉求表达渠道，实现网上维权帮扶、提供公共服务等，让产业工人能在网上找到组织、参加组织活动。打造方便快捷、务实高效的服务产业工人新通道，提升网络服务产品的供给与服务能力，形成网上网下深度融合、互相联动格局。

（四）创新产业工人发展制度

14. 拓宽产业工人发展空间。改革企业人事管理和工人劳动管理相区分的双轨管理体制，实行统一的人力资源管理制度。打破职业技能等级与专业技术职务之间界限，实现有效衔接，改变技术工人成长成才“独木桥”现象。完善个人学习账号和学分累计制度，制定国家资历框架，推进非学历教育学习成果、职业技能等级学分转换互认。把优秀产业工人特别是高技能人才纳入党管人才总盘子统筹考虑，搭建产业工人职业成长平台。

15. 畅通产业工人流动渠道。健全公共就业服务体系，丰富就业服务内容，拓展服务功能，加强职业指导，完善就业信息服务制度，做好职业供求信息发布，促进产业工人合理流动，提高人力资源配置效率。

16. 创新技能导向的激励机制。建立健全培养、考核、使用、待遇相统一的激励机制，引导企业在关键岗位、关键工序培养使用高技能人才，提高相应待遇，实现多劳者多得、技高者多得。建立技术工人创新成果按要素参与分配制度，研究创新激励方式。完善国家级技术工人表彰奖项，形成以党和国家表彰为导向、企业和社会积极参与的产业工人表彰奖励制度。增加产业工人在各级各类劳动模范和先进代表等评选中的名额比例。

17. 改进劳动和技能竞赛体系。建立以企业岗位练兵和技术比武为基础、以国家和行业职业技能竞赛为主体、国内竞赛与国际竞赛赛项相衔接的劳动和技能竞赛机制。深入推进重大战略、重大工程、重大项目、重点产业劳动和技能竞赛，积极开展各类技能大赛，完善劳动和技能竞赛组织、效能评估及激励机制等。

18. 加大对产业工人创新创效扶持力度。深化群众性技术创新活动，开展先进操作法总结、命名和推广。推动具备条件的行业企业建立职工创新工作室、劳模创新工作室和技能大师工作室，联合高等学校、职业学校和专业科研机构共建实验实训平台，探索创建跨区域、跨行业、跨企业的创新工作室联盟。开展全国职工优秀创新成果评选，适当增加国家科技进步奖推荐名额，鼓励和支持产业工人创新成果评选、展示，推动大众创业、万众创新蓬勃发展。

19. 组织产业工人积极参与实施走出去战略和“一带一路”建设。加强产业工人技能国际交流与合作。参加和举办有关国际性的产业工人技能交流活动，增进中外产业工人之间互学互鉴、友好交流。

（五）强化产业工人队伍建设支撑保障

20. 加强有关产业工人队伍建设的法治保障。推进修订职业教育法，研究技术资格方面的立法，依法保障产业工人接受教育和培训的权利。规范政府管理，督促企业提供技术技能培训，支持工会组织发挥监督作用。研究制定企业民主管理、集体协商等方面的制度，督促企业依法履行社会责任，保障产业工人与用人单位平等协商的权利，推进构建中国特色和谐劳动关系。

21. 完善财政投入机制。加大财政职业教育投入，加大就业专项资金对职业培训补贴的支持力度，改进补贴方式，合理确定补贴标准和补贴对象。落实职业技能鉴定补贴政策。将高技能人才队伍建设经费纳入各级政府人才工作经费预算，对参加技师、高级技师教育培训并获得职业资格证书或职业技能等级证书的产业工人，给予一定的培训费补贴。加强对各项投入和专项经费使用情况的绩效考评，提高资金使用效益。

22. 建立社会多元投入机制。落实完善鼓励企业、社会组织加大职业学校教育和职业培训投入的政策措施。落实企业职工教育经费，完善经费投入与监督制度，允许企业培训费用列入成本并按规定在税前扣除。支持企业举办或参与举办职业教育。落实完善引导社会资本进入职业教育领域的优惠扶持政策，支持各类办学主体通过独资、合资、合作等形式举办民办职业教育。

23. 完善产业工人劳动经济权益保障机制。创造平等就业环境，保障就业机会公平，实现更高质量就业。完善工资平等协商机制、正常增长机制、支付保障机制，健全向一线产业工人倾斜的分配制度，落实产业工人参与分配决定的权利，维护劳动收入的主体地位。健全社会保险制度，提高统筹层次，稳步提高社会保障水平，做好跨地区、行业、单位流动的社会保险关系接续。加强安全生产和职业健康工作，改善劳动条件，提高产业工人健康素质。规范劳务派遣用工，保障其合法权益。

24. 深化产业工人队伍建设理论政策研究。定期开展产业工人队伍状况调查，加强对产业工人问题理论研究，了解借鉴国外产业工人队伍建设的有益做法，不断丰富和发展产业工人理论，制定完善相关政策。在各级党校、行政学院和高等学校开设相关课程，加强有关产业工人问题的教学科研。

25. 营造尊重劳动、崇尚技能、鼓励创造的社会氛围。组织中央和地方主流新闻媒体加大对产业工人的宣传力度，运用微博、微信、移动客户端等新媒体，开展分众化、互动式宣传。引导广大文艺工作者创作更多展现产业工人风采的优秀文艺作品。组织劳模、工匠进学校、进课堂，进企业、进班组，奏响“工人伟大、劳动光荣”的时代主旋律。

三、组织实施

（一）构建合力推进产业工人队伍建设改革的工作格局。坚持党委统一领导，政府有关部门各司其职，工会、行业协会、企业代表组织充分发挥作用，统筹社会组织的协同力量；建立贯彻落实协调机制，由全国总工会牵头、各相关部门参与，加强对产业工人队伍建设改革的宏观指导、政策协调和组织推进，实现产业工人队伍建设与宏观政策、产业政策、就业政策、社会政策联动，打破部门界限，形成整体合力，勇于责任担当，提高产业工人队伍建设科学化水平。

（二）有力有序推进改革。各地区各有关部门要结合各自实际，循序渐进、积极稳妥推进产业工人队伍建设改革。突出重点，着力在支柱产业、战略性新兴产业和骨干企业中推进改革，发挥国有企业的带动作用。针对各地区各产业的不同情况，加强分类指导，探索总结经验，做到有序实施。

（三）做好改革宣传工作。坚持正确舆论导向，大力宣传新时期产业工人队伍建设改革的重大意义、目标任务、主要举措，宣传改革实施中的先进典型、经验成效，营造关心、支持改革的良好社会环境。

（四）加强对改革实施的督促检查。建立推进改革情况的监督检查和信息反馈制度，开展改革情况绩效评估，探索实行第三方评估。各有关部门要根据职责要求，研究制定推进改革的实施细则和配套措施，加大工作力度，认真抓好落实。

中共中央

国 务 院

2017 年 4 月 14 日

中华全国总工会关于认真学习宣传贯彻《新时期产业工人队伍建设改革方案》的通知

各省、自治区、直辖市总工会，各全国产业工会，中共中央直属机关工会联合会、中央国家机关工会联合会，全总各部门、各直属单位：

2017 年 2 月 6 日，习近平总书记主持召开中央全面深化改革领导小组第三十二次会议，审议通过《新时期产业工人队伍建设改革方案》（以下简称《改革方案》）。日前，中共中央、国务院印发了《改革方案》，并发出通知，要求各地区各部门结合实际认真贯彻落实。学习宣传贯彻《改革方案》，是事关改革发展稳定大局、事关国家和民族长远大业、事关亿万产业工人根本利益和整体利益的大事，是各级工会当前和今后一个时期的重要政治任务。现就有关事项通知如下。

一、深刻认识推进产业工人队伍建设改革的重大意义

习近平总书记高度重视工人阶级，十分关心产业工人队伍建设，强调工人阶级是我国的领导阶级，必须坚持全心全意依靠工人阶级方针，把提高职工队伍整体素质作为一项战略任务抓紧抓好，推动建设宏大的知识型、技术型、创新型劳动者大军，充分调动一线工人、制造业工人、农民工的积极性和创造性，明确要求就新时期产业工人队伍建设改革提出总体思路和系统方案。这些重要论述，为推进产业工人队伍建设改革提供了基本遵循和行动指南。产业工人是工人阶级中发挥支撑作用的主体力量，是创造社会财富的中坚力量，是创新驱动发展的骨干力量，是实施制造强国战略的有

生力量。《改革方案》的制定和实施，是以习近平同志为核心的党中央着眼于巩固党的执政基础、实施制造强国战略、全面提高产业工人素质作出的重大决策部署，体现了以人民为中心的发展思想和全心全意依靠工人阶级的方针，体现了对包括产业工人在内的工人阶级的高度重视和巨大关怀，具有重大而深远的意义。

各级工会要站在党和国家工作大局的高度，站在巩固党的执政基础的高度，站在促进我国经济社会持续健康发展的高度，认真学习贯彻习近平总书记系列重要讲话精神特别是关于产业工人队伍建设的重要论述，深刻认识推进新时期产业工人队伍建设改革的重要性和紧迫性，把思想和行动统一到党中央的决策部署上来。要把《改革方案》的贯彻实施作为维护产业工人合法权益、促进产业工人全面发展、推动工会工作创新发展的强大动力和有利契机，围绕统筹推进“五位一体”总体布局和协调推进“四个全面”战略布局，结合产业工人队伍和工会工作实际，以勇于担当的事业心、责无旁贷的使命感和奋发有为的创造性，扎实推进《改革方案》的贯彻落实，更好地肩负起团结引导亿万产业工人听党话、跟党走的政治责任，坚定维护以习近平同志为核心的党中央权威和集中统一领导，组织动员广大产业工人为实现“两个一百年”奋斗目标、实现中华民族伟大复兴的中国梦而拼搏奋斗。

二、全面把握推进产业工人队伍建设改革的主要内容

《改革方案》明确了新时期产业工人队伍建设改革的指导思想、基本原则、目标任务，提出了一系列改革举措，是对产业工人队伍建设的顶层设计和总体部署，具有很强的指导性、针对性和可操作性。要深入领会《改革方案》的基本精神，全面把握推进产业工人队伍建设改革的主要内容。

一是指导思想。推进产业工人队伍建设改革，要坚持全心全意依靠工人阶级的方针，按照政治上保证、制度上落实、素质上提高、权益上维护的总体思路，针对影响产业工人队伍发展的突出问

题，创新体制机制，提高产业工人素质，畅通发展通道，依法保障权益，充分调动广大产业工人的积极性主动性创造性，更好地发挥产业工人队伍的主力军作用。

二是目标任务。推进产业工人队伍建设改革，要把产业工人队伍建设作为实施科教兴国战略、人才强国战略、创新驱动发展战略的重要支撑和基础保障，纳入国家和地方经济社会发展规划。通过改革，产业工人队伍不断壮大、综合素质明显提高，保障产业工人地位的制度更加健全，产业工人合法权益进一步实现，劳动光荣、技能宝贵、创造伟大的时代风尚更加浓厚，造就一支有理想守信念、懂技术会创新、敢担当讲奉献的宏大的产业工人队伍。

三是主要举措。推进产业工人队伍建设改革，要抓好加强和改进产业工人队伍思想政治建设、构建产业工人技能形成体系、运用互联网促进产业工人队伍建设、创新产业工人发展制度、强化产业工人队伍建设支撑保障等5个方面25条改革举措的落实，推动涉及产业工人思想引领、技能提升、作用发挥、支撑保障等方面体制机制的改革。

四是组织实施。推进产业工人队伍建设改革，要构建合力推进改革的工作格局，有力有序推进改革，做好改革宣传工作，加强对改革实施的督促检查。

三、充分发挥工会在推进产业工人队伍建设改革中的积极作用

《改革方案》明确提出，“坚持党委统一领导，政府有关部门各司其职”，“建立贯彻落实协调机制，由全国总工会牵头、各相关部门参与，加强对产业工人队伍建设改革的宏观指导、政策协调和组织推进，实现产业工人队伍建设与宏观政策、产业政策、就业政策、社会政策联动，打破部门界限，形成整体合力，勇于责任担当，提高产业工人队伍建设科学化水平。”推进产业工人队伍建设改革是一项系统工程，工会作为职工利益的代表者维护者，在推进这项改革中肩负着义不容辞的重要职责。

一是切实履行责任。全国总工会将按照《改革方案》的要求，切实履行宏观指导、政策协调、组织推进、督促检查的职责，发挥好牵头作用。推动各级地方成立由党委分管领导负责的推进产业工人队伍建设改革领导机构。各级地方、产业工会和基层工会要结合实际，在同级党委领导下，参加贯彻落实协调机制，按照统一部署，认真履行指导、推动、督查的职责，搞好协调配合，主动开展工作，努力推动改革举措落地见效。对贯彻实施《改革方案》过程中遇到的困难和问题，及时向党委、政府汇报反映，努力推动解决。

二是充分发挥作用。立足工会特点和优势，着重在突出思想政治引领、健全保证产业工人主人翁地位的制度安排、创新面向产业工人的工会工作、打造更多高技能人才、推行“互联网+”普惠性服务、创新技能导向的激励机制、改进劳动和技能竞赛体系、完善权益保障机制等方面下大气力加以推进，切实增强广大产业工人对改革的获得感。对于工会承担的相关工作，要明确责任主体，健全工作机制，做到有目标方案、有对策措施、有进度安排、有监督检查。

三是加强舆论宣传。把握正确政治方向、价值取向、舆论导向，坚持团结稳定鼓劲、正面宣传为主，发挥工会宣传阵地作用，运用互联网等新兴媒体，全方位、多渠道开展宣传工作。大力宣传产业工人的地位作用和产业工人队伍建设改革的重大意义，准确深入解读《改革方案》的基本精神和政策举措，总结推广产业工人队伍建设改革的经验做法和创新成果，反映产业工人的意愿要求，壮大主流思想舆论，营造关心、支持改革的良好环境。

各单位、各部门要将学习宣传贯彻《改革方案》的情况及时报全国总工会办公厅。

中华全国总工会
2017年6月20日

抄送：新疆生产建设兵团工会

第二部分　学习解读

绪论　以习近平总书记重要论述为引领扎实推进产业工人队伍建设改革

工人阶级是我国的领导阶级，是全面建成小康社会、坚持和发展中国特色社会主义的主力军。产业工人是工人阶级中发挥支撑作用的主体力量，是创造社会财富的中坚力量，是创新驱动发展的骨干力量，是实施制造强国战略的有生力量。党的十八大以来，以习近平同志为核心的党中央坚持以人民为中心的发展思想和全心全意依靠工人阶级的方针，围绕提高产业工人队伍整体素质、发挥产业工人骨干作用、维护产业工人合法权益、保障产业工人主人翁地位等，作出重要制度安排，制定一系列政策措施，产业工人队伍建设取得新的进展。

习近平总书记高度重视工人阶级，时刻牵挂着广大产业工人。党的十八大以来，习总书记亲临全总机关与劳模代表座谈，同全总领导班子面对面集体谈话，每到地方考察总要深入基层看望劳模、慰问产业工人，多次就全心全意依靠工人阶级、推进产业工人队伍建设发表重要讲话、作出重要指示，提出了一系列新思想新观点新要求。

2013 年 4 月 28 日，习近平总书记在全总机关同全国劳动模范代表座谈时明确指出："全心全意依靠工人阶级不能只当口号喊、标签贴，而要贯彻到党和国家政策制定、工作推进全过程，落实到企业生产经营各方面。""工业强国都是技师技工的大国，我们要有很强的技术工人队伍。"2013 年 10 月 23 日，习近平总书记在同全总新一届领导班子成员集体谈话时强调："坚持全心全意依靠工人阶级，充分发挥工人阶级主力军作用，把广大职工群众紧紧团结在党和政府周围，这是我们党的一个突出政治优势，也是中国特色社会主义的一个鲜明特点。""实现中华民族伟大复兴的中国梦，根本上要靠包括工人阶级在内的全体人民的劳动、创造、奉献。”2014 年 4 月 30 日，习近平总书记在乌鲁木齐接见劳动模范和先进工作者、先进人物代表时指出：“包括广大知识分子在内的我国工人阶级是改革开放和社会主义现代化建设的主力军。”“当前，因为加快转变经济发展方式、促进经济结构战略性调整、化解过剩产能等原因，一些企业和职工遇到了种种困难。越是这样，越要发挥职工群众主人翁作用，越要关心职工群众生产生活和职业发展，把全心全意依靠工人阶级的方针落实好。”2015 年 4 月 28 日，习近平总书记在庆祝“五一”国际劳动节暨表彰全国劳动模范和先进工作者大会上明确指出：“在前进道路上，我们要始终高度重视提高劳动者素质，培养宏大的高素质劳动者大军。”“我国工人阶级是我们党最坚实最可靠的阶级基础。我国工人阶级从来都具有走在前列、勇挑重担的光荣传统。”“工人阶级和广大劳动群众始终是推动我国经济社会发展、维护社会安定团结的根本力量。”2016 年 3 月 5 日，习近平总书记在全国“两会”上参加上海团审议时强调：“如何调动科研人员、创新人才积极性和创造性，如何调动一线工人、制造业工人、农民工积极性和创造性，是很重要的问题，也是社会主义制度的本质要求。工人阶级的地位在新形势下怎么体现？需要好好研究。”2016 年 4 月 26 日，习近平总书记在知识分子、劳动模范、青年代表座谈会上指出：“素质是立身之基，技能是立业之本。”“无论从事什么劳动，都要干一行、爱一行、钻一行。在工厂车间，就要弘扬‘工匠精神’，精心打磨每一个零部件，生产优质的产品。”2016 年 10 月 10 日，习近平总书记在全国国有企业党的建设工作会议上强调：“坚持全心全意依靠工人阶级的方针，是坚持党对国有企业领导的内在要求，要健全以职工代表大会为基本形式的民主管理制度，充分调动工人阶级的积极性、主动性、创造性。”2017 年 2 月 6 日，习近平总书记主持召开中央全面深化改革领导小组第三十二次会议审议通过《新时期产业工人队伍建设改革方案》，会议指出，工人阶级是我国的领导阶级，产业工人是工人阶级的主体力量。要从巩固党的执政基础的高度，从促进我国经济社会持续健康发展的高度，加快产业工人队伍建设改革，坚持全心全意依靠工人阶级的方针，按照“政治上保证、制度上落实、素质上提高、权益上维护”的总体思路，针对影响产业工人队伍发展的突出问题，创新体制机制，提高产业工人素质，畅通发展通道，依法保障权益，造就一支有理想守信念、懂技术会创新、敢担当讲奉献的宏大的产业工人队伍。

习近平总书记关于产业工人队伍建设的重要论述，站在党和国家工作全局的战略高度，深刻回答了我国工运事业特别是推进产业工人队伍建设中一系列重大理论和实践问题，集中体现在以下方面：一是重申坚持全心全意依靠工人阶级方针，指出坚持和发展中国特色社会主义必须全心全意依靠工人阶级，不论时代怎样变迁、社会怎样变化，全心全意依靠工人阶级的根本方针都不能忘记、不能淡化。二是肯定产业工人的地位作用，指出工人阶级始终是我国的领导阶级，是我们党最坚实最可靠的阶级基础，产业工人是工人阶级的主体力量。三是提出产业工人队伍建设的总体思路和目标任务，指出按照“政治上保证、制度上落实、素质上提高、权益上维护”的总体思路，造就一支有理想守信念、懂技术会创新、敢担当讲奉献的宏大的产业工人队伍。四是明确产业工人的精神追求，指出要大力弘扬劳模精神、劳动精神、工匠精神，营造尊重劳动、崇尚技能、鼓励创造的社会氛围，奏响“工人伟大、劳动光荣”的时代主旋律。五是重视产业工人的素质提升，指出要始终高度重视提高劳动者素质，培养宏大的高素质劳动者大军。六是强调产业工人的权益维护，指出要实现好、维护好、发展好广大普通劳动者根本利益。

这些重要论述，涉及产业工人队伍建设改革的意义、目标、原则、方向和重点等方面，进一步深化了我们党对产业工人队伍发展变化与特点规律的认识，丰富和发展了马克思工人阶级理论和劳动学说，指明了新的历史条件下我国产业工人队伍的历史使命和责任担当，从理论和实践层面回应和解决了在推进供给侧结构性改革、振兴实体经济的形势下依靠谁、发展谁、建设谁等重大问题，具有很强的战略性、思想性、针对性，是习近平总书记系列重要讲话精神和治国理政新理念新思想新战略的重要组成部分，为推进产业工人队伍建设改革提供了基本遵循和行动指南。

中共中央、国务院印发的《新时期产业工人队伍建设改革方案》，贯穿了习近平总书记关于产业工人队伍建设的重要论述，厘清了新时期产业工人队伍建设改革为什么改、怎么改、通过什么途径、达到什么目标等一系列重大问题，是对产业工人把握为实现中国梦而奋斗这一工运时代主题的政治动员，也是对全社会乃至全世界的一种政治宣示，将进一步焕发广大产业工人创新创造创优的热情和活力，引导产业工人更加紧密地团结在以习近平同志为核心的党中央周围，坚定不移听党话、跟党走，不断夯实党执政的阶级基础和群众基础。

贯彻落实《改革方案》，要求我们必须深入学习贯彻习近平总书记关于工人阶级特别是产业工人队伍建设的重要论述，学习领会其丰富内涵，深刻理解其重大的政治意义、理论意义和实践意义，切实增强推进产业工人队伍建设改革的责任感使命感，增强政治自觉、思想自觉和行动自觉。要站在党和国家工作大局的高度，站在巩固党的执政基础的高度，站在促进我国经济社会持续健康发展的高度，深刻理解新时期产业工人队伍建设改革的指导思想和基本原则，准确把握改革的目标任务，全面落实改革的主要举措，把思想和行动统一到党中央的决策部署上来。要把《改革方案》的贯彻实施作为推动工会工作创新发展、维护产业工人合法权益、促进产业工人全面发展的强大动力和有利契机，围绕统筹推进“五位一体”总体布局和协调推进“四个全面”战略布局，坚持稳中求进工作总基调，贯彻落实新发展理念，适应把握引领经济发展新常态，坚持全心全意依靠工人阶级的方针，按照政治上保证、制度上落实、素质上提高、权益上维护的总体思路，改革不适应产业工人队伍建设要求的体制机制，着力加强和改进产业工人队伍思想政治建设，构建产业工人技能形成体系，运用互联网促进产业工人队伍建设，创新产业工人发展制度，强化产业工人队伍建设支撑保障，充分发挥工会组织的重要作用，团结引导亿万产业工人，为实现“两个一百年”奋斗目标、实现中华民族伟大复兴的中国梦更好地发挥主力军作用。

第一章　新时期产业工人队伍建设改革的背景

新中国成立以来，特别是改革开放近40年来，包括产业工人在内的广大工人阶级着力于生产力的快速发展，其成就超过了历史上的任何时代。在推动时代发展、社会进步中，我国产业工人的数量、规模不断壮大，素质不断提升，权益不断实现。但同时，产业工人队伍建设存在不容忽视的问题。推进产业工人队伍建设改革，迫在眉睫。

第一节　产业工人的含义及现状

传统意义上，产业工人是指在现代工厂、矿山、交通运输等企业中从事集体生产劳动，以工资收入为生活来源的工人。在充分调查研究、广泛听取各方面意见、充分考虑我国产业分工和发展变化的实际基础上，本书认为，我国产业工人主要是指在第一产业的农场、林场，第二产业的采矿业、制造业、建筑业和电力、热气、燃气及水生产和供应业，以及第三产业的交通运输、仓储及邮政业和信息传输、软件和信息技术服务业等行业中从事集体生产劳动，以工资收入为生活来源的工人。

一、产业工人的规模和分布

我国产业工人队伍与经济社会快速发展同步，规模不断壮大，分布日益广泛。根据2015年国家统计局1%人口抽样调查的数据和劳动力抽样调查中的就业身份分类，以第二、三产业中6大行业门类就业人数中雇员部分作为产业工人的统计对象，加上农场、林场中从事集体劳动的工人，截至2016年，我国产业工人有2亿人左右。

我国产业工人在产业分布、行业分布、地域分布、企业规模分布上，呈现不同特点。其中，超过八成产业工人集中在第二产业，近八成产业工人集中在制造业和建筑业，近六成产业工人集中在东部地区，六成产业工人集中在国有大中型企业。

二、产业工人队伍的结构特征

农民工已经成为产业工人的主体。近年来，我国农民工的数量不断增加，截至2016年年末，全国农民工总量达到2.82亿人，其中外出农民工1.69亿人，分别比上年增加424万人和50万人，增幅分别为1.5%和0.3%。据测算，目前第二产业和第三产业6个行业中农民工占六成左右。

80后已经成为产业工人的主力军。第二产业和第三产业中6个行业的产业工人平均年龄为36.3岁，70后占29.5%，80后占30.4%，90后占14.6%。其中，80后产业工人已经成为制造业及信息传输、软件和信息技术服务业中的主体力量。

超过八成产业工人为男性。产业工人中男性占83.5%，女性占16.5%，男性高出女性4倍。女性在制造业产业工人中比例最高，为40.7%，其次为信息传输、软件和信息技术服务业，占37.8%。

第二节　产业工人队伍建设的总体进展

作为工人阶级的先锋队，我们党自成立以来，始终把包括产业工人在内的广大工人阶级作为自己的阶级基础和依靠力量，高度重视产业工人队伍建设。党的十八大以来，以习近平同志为核心的党中央注重在政治、制度、素质和权益等方面加强产业工人队伍建设，采取一系列政策措施。

一、产业工人队伍建设的一系列措施

加强顶层设计，制定和出台了一些与产业工人队伍建设相关的政策文件。从目前来看，随着我国法治建设不断推进，中国特色社会主义法律体系已经形成，与产业工人权益密切相关的劳动法律法规基本完备，为产业工人队伍建设提供了法治保障。与此同时，党中央、国

务院出台了一系列加强产业工人队伍建设的政策措施，印发了《关于加强职工教育工作的决定》《国家中长期人才发展规划纲要（2010—2020 年）》《国务院关于进一步做好为农民工服务工作的意见》《国家中长期教育改革和发展规划纲要(2010—2020 年)》等。中央和国家有关部门相继出台不少指导性文件，比如，中组部和人社部出台的《高技能人才队伍建设中长期规划（2010—2020 年)》，工信部等 3 部门联合印发的《制造业人才发展规划指南》，教育部等 6 部门编制的《现代职业教育体系建设规划（2014—2020 年)》，人社部印发的《技工教育“十三五”规划》，文化部出台的《关于进一步做好为农民工文化服务工作的意见》，国务院国资委出台的《关于中央企业做好农民工工作的指导意见》，教育部和全总出台的《农民工学历与能力提升行动计划——“求学圆梦行动”实施方案》，全总出台的《全国职工素质建设工程五年规划（2015—2019 年)》，等等。各地也出台了关于加快发展现代职业教育、提升职工队伍素质等一系列政策文件，如北京市制定的《北京市“十三五”时期职工发展规划》，上海市制定的《上海职工素质工程建设五年规划（2016—2020 年)》，等等。这些政策文件，为产业工人队伍建设提供了有力的支撑和保证。

坚持思想政治引领，不断加强产业工人思想道德建设。党中央、国务院高度重视对产业工人的思想引领工作，对产业工人思想道德建设作出了一系列重大部署，一以贯之地加强精神文明建设，加强产业工人的理想信念教育，在产业工人中培育和践行社会主义核心价值观，在《中共中央关于加强和改进党的群团工作的意见》《关于构建和谐劳动关系的意见》《关于深化国有企业改革的指导意见》中，明确提出加强职工思想政治教育。各级党委、政府及有关部门充分利用各种宣传教育阵地，在教育引导、舆论宣传等方面做了大量工作，积极推动了产业工人的思想道德建设。各级工会利用工会宣传教育阵地，在广大职工中积极宣传党和国家大政方针，培育和践行社会主义核心价值观，大力弘扬劳模精神、劳动精神、工匠精神，集中宣传报道“最美职工”，叫响做实“大国工匠”、工人先锋号等品牌；加强形势宣传教育，引导广大职工正确对待利益调整，积极参与支持推动改革；创新职工思想政治工作，强化人文关怀和心理疏导，有效加强了对产业工人的思想政治引领，更好地团结带领包括产业工人在内的广大职工听党话、跟党走，为经济社会发展建功立业。

实施职工素质建设工程，着力提升产业工人技术技能水平。随着经济发展方式转变、产业结构调整和技术革新步伐加快，建设一支强大的技工队伍，已成为增强企业自主创新能力、建设创新型国家的重大举措，对于全面建成小康社会具有重要而深远的意义。党中央和国务院高度重视提高产业工人的技术技能水平，把提高产业工人素质、技术技能水平摆在更加突出的位置，在政策制定、法规出台、舆论营造等方面加大力度，着力提高人才培养质量。如2006年中共中央办公厅出台的《关于进一步加强高技能人才工作的意见》、2010年国务院出台的《国务院关于加强职业培训促进就业的意见》等，都对企业技术工人的培养提出了要求。各级党委、政府和有关部门打好“组合拳”，结合企业实际和社会发展需要，重视发挥各级各类教育的支撑作用，普遍把大力发展现代职业教育与当地经济社会发展一起谋划，纳入重要议事日程，在资金、政策、项目、职教园区建设等方面给予大力支持，提升了在校生（未来产业工人骨干力量）和在职职工的技术技能、文化素养、创新能力、学历水平。“十二五”时期，各级各类职业学校每年输送近千万名毕业生，5年累计为社会输送了近5000万名毕业生，职业学校毕业生已成为现代制造业、战略性新兴产业和现代服务业等领域一线新增产业工人的主要来源，为国家经济社会发展提供了不可或缺的人力资源支撑。各级工会始终把提高职工队伍整体素质作为一项战略任务，深入实施职工素质建设工程，积极组织开展劳动和技能竞赛，广泛开展岗位练兵、技能培训、技术交流、技术创新、合理化建议等活动。很多地方和企业结合当地产业结构和企业自身特点，在提升产业工人素质方面形成了自己的特色做法，推出形式多样的培训项目，如新入职员工培训、在岗培训、名师带徒、转岗培训、专项技术培训、技能大讲堂、技师研修、首席技师工作室、技能大师工作室、劳模工作室、校企合作、技能大赛等。

多措并举，促进产业工人合法权益实现。各级党委、政府和有关部门以及企业在维护产业工人合法权益上做了积极努力，探索和形成了一些行之有效的做法，总体形成了党委领导、政府支持、社会协同、工会运作的社会化维权格局。各级工会在党委领导下，旗帜鲜明维护职工合法权益，加快建设以精准帮扶为重点的服务职工工作体系，为广大职工提供普惠性服务。从不断推动实现产业工人政治权益出发，各级工会在推进改革的过程中，明显提高劳模和一线职工在工会领导机构中的比例，不断提升产业工人的政治地位。全国总工会实施改革试点工作后，全总执委会委员中劳模和一线职工比例由11.6%增至15.4%，主席团成员中劳模和一线职工比例由9.9%增至13.5%。

二、产业工人队伍建设取得成效

多年来，在各级党委、政府和社会各界的共同努力下，产业工人队伍建设成效显著，产业工人的素质明显提升、权益不断维护，先进性不断彰显，面貌焕然一新。

从政治素质和思想道德素质方面看，广大产业工人拥护党和国家的大政方针，对中国特色社会主义的信念和信心比较坚定，赞同和支持改革；在实际工作中拥护党、爱国家、爱岗位、重实干，认真践行社会主义核心价值观；多数产业工人有正确的劳动观念，比较认同积极向上的劳动价值取向，总体上呈现出积极向上、努力进取的态势。

从文化素质方面看，产业工人平均受教育年限为10.1年。其中，信息传输、软件和信息技术服务业高达14.2年；大学本科及以上学历的占10.6%，大专学历的占12.0%，高中（中职）学历的占22.9%，初中学历的占43.5%，小学学历及以下的占11.0%。

从技术素质方面看，2015年，全国高级工以上的高技能工人4501万人。技术工人队伍中初级工、中级工、高级工、技师、高级技师比重分别为39.2%、35%、20.42%、4.32%、1.06%。2011—2015年，取得技师、高级技师职业资格的分别有35.8万人、46.7万人、50.0

万人、62.3 万人、55.3 万人。2016 年，职业能力建设各项工作取得新的进展，全年新增高技能人才 290 万人，高技能人才总量达到 4791 万人；全国技工院校招生达到 127.2 万人，比上年增长近 5 个百分点。

从劳动经济权益方面看，近年来，产业工人就业质量、工资收入有了一定程度提高。就业方面，2012—2016 年我国国内生产总值增速分别为 7.9%、7.8%、7.3%、6.9%、6.7%，31 个大城市城镇调查失业率基本稳定在 5.1% 左右；城镇新增就业连续 4 年保持在 1300 万人以上，城镇登记失业率稳定在 4.0% ~4.1% 的区间。工资方面，2013 年城乡居民收入增速与 GDP 增速基本持平，2014—2016 年连续 3 年城乡居民收入增速均高于 GDP 增速；以制造业外出农民工为例，2011—2015 年制造业外出农民工的月均收入逐年增加，分别为 1920 元、2130 元、2537 元、2832 元、2970 元。

从民主政治权利方面看，随着企业民主管理制度不断完善，产业工人民主政治权利得到进一步落实。截至 2016 年年底，有 515.4 万家企事业单位已健全以职代会为基本形式的民主管理制度，覆盖职工 2.5 亿人；17.0 万家企业建立职工董事制度，16.5 万家企业建立职工监事制度。全国总工会开展的第七次职工队伍状况调查显示，61.7% 的职工认为单位职代会作用发挥很好或较好，56.8% 的职工把在单位职代会（议事会、恳谈会）上提出提案作为发表意见和反映愿望的渠道。在建立职代会的企业中，80.4% 的职工表示其所在单位经营管理者和普通职工之间的关系融洽，而在未建职代会的企业中这一比例只有 65%。

从精神文化权益方面看，广大产业工人精神文化生活日益多样化的需求不断得到满足，参加文化体育活动积极性更加高涨，精神文化生活更加丰富。职工书屋和电子职工书屋建设力度加大，全国职工书屋达 10 万多家，服务职工 5000 多万人。全国总工会开展的第七次职工队伍状况调查显示，53.6% 的职工表示本单位拥有职工文体活动场所，63.9% 的职工对单位职工文体活动的开展情况表示满意。

从社会保障方面看，随着我国社会保障制度体系基本形成、社会保障覆盖范围不断扩大、社会保障待遇水平稳步提高，广大产业工人也享有了更多的社会保障权益。截至2016年年底，全国参加城镇职工基本养老保险人数37862万人，比上年增加2501万人；参加城乡居民基本养老保险人数50847万人，比上年增加375万人；参加城镇基本医疗保险人数74839万人，比上年增加8257万人。其中，参加职工基本医疗保险人数29524万人，比上年增加631万人；参加城镇居民基本医疗保险人数45315万人，比上年增加7626万人；参加失业保险人数18089万人，比上年增加763万人。2016年，全国领取失业保险金人数230万人；参加工伤保险人数21887万人，比上年增加455万人。其中，参加工伤保险的农民工7510万人，比上年增加21万人；参加生育保险人数18443万人，比上年增加672万人。2016年，全国共有1479.9万人享受城市居民最低生活保障。

第三节　产业工人队伍建设存在的突出问题

近年来，各级党政高度重视产业工人队伍建设，产业工人队伍建设取得了一定进展和成效，但全心全意依靠工人阶级在认识上、实践上还存在一些亟待解决的问题，产业工人作为工人阶级主力和骨干的作用还没有得到充分体现，产业工人队伍建设还面临一些突出问题，需要引起高度重视。

一、产业工人的地位有所弱化

1978年改革开放后，我国经济体制改革导致计划经济体制下的身份制与单位制逐步解体，传统产业工人在资源再分配中的优越地位随之逐步下降。自20世纪90年代中期以来，随着国企改制、战略性改组、“减员增效”，一些产业工人面临下岗失业，传统产业工人的政治地位、经济地位、社会地位与计划经济体制时期相比都有所下滑，主人翁意识逐渐衰减。身份制的解体，冲击了传统产业工人的终身就业待遇及一系列附属于此种身份的权利。

在我国，“官本位”思想长期占据主流，一些人秉持“万般皆下品，惟有读书高”“学而优则仕”“重白领轻蓝领”等错误观念，认为只有考大学、当公务员、坐办公室才算是出人头地、有所作为。一段时间以来，拜金主义、实用主义、享乐主义思潮盛行，不少人妄想一夜暴富、一心向钱看，加上制度机制不够健全完善，辛勤劳动、诚实劳动未必致富，这种社会环境和舆论氛围导致一些产业工人感到自身地位不高。

一些企业长期存在用工不公正、待遇不公正问题，产业工人工作环境差、工资收入低、福利待遇差，生活水平明显低于管理人员和专业技术人员，因此，不少人看不上在一线岗位上无私奉献、任劳任怨、靠技能打拼的产业工人。从当前情况看，产业工人的地位弱化主要体现在以下几个方面：

政治地位体现不够明显。目前，工人参加国家治理和各个层面政治建设的途径单一，党代会、人大、政协中工人代表、委员数量不多。党的十七大代表中工人党员51名，占比2.3%。党的十八大代表中工人代表虽然增加到169名（包括农民工党员26名），但占比也仅为7.4%。六届全国人大以来，工人代表占比逐届下降。十一届全国人大代表中工人、农民共551名，占比18.46%，有所改进。而十二届全国人大代表中工人、农民共401名，占比13.42%，尚不及六届全国人大水平。从省级来看，北京、河北、山西、吉林、浙江、江西、重庆、四川、西藏、青海等十二届人大代表中，生产一线职工的比例均不到2%，个别省区甚至低于1%。部分党政干部和企业负责人对工人参与民主管理的重要性认识不高；一些企业缺乏民主管理具体操作办法、考核标准和检查措施，有流于形式现象；部分企业职代会中半数以上代表是管理人员，一线工人呼声难以充分表达。

经济社会地位有所下降。总体看，工人收入虽逐年上升，但目前仍处于低位。一些技术工人反映，社会认同感低主要在于收入低和保障少，在一些企业中，高级技师的收入也仅相当甚至偏低于同企业中层管理人员或工程师水平。还有一部分产业工人受到失业、缺少机会或技能、遭受疾病或自然灾害、缺乏社会保障、法定权利被侵害等问题的困扰。

主人翁意识趋于淡化。一些产业工人主人翁意识淡化，自信心不足，缺乏对产业工人身份的认同感和自豪感。在非公有制企业中，一些产业工人产生被雇佣感。工人的职业吸引力不强。

二、产业工人职业发展通道狭窄

对职业教育和继续教育的重视还不够。当前我国职业教育经费投入相对不足，国家教育经费投入主要针对普通教育，职业教育、技能教育的经费投入相当有限。一些地方对加快发展现代职业教育、继续教育重视不够，职工教育经费提取和使用不规范，从工资总额中提取1.5%~2.5%作为职工教育经费得不到有效落实，相当一部分被挪作他用，有关规定在一些企业流于形式、形同虚设。

职业发展通道不畅。多数企业实行国家5级技能等级标准，且技术技能认定与职位晋升不挂钩，身份和体制壁垒严重，劳务派遣工与正式员工、一线职工与管理技术人员、工人与干部之间有着不可忽略的差异，身份界限尚未从制度上打破，向上晋升空间狭窄。劳务派遣工即使干得再好，也难以享受与正式员工同样的收入待遇，产业工人即使技能水平再高，也较难成为管理层或者技术人员。普通工人晋升技术等级渠道过窄，严重束缚了产业工人职业发展。用工和分配不公，职工业绩贡献与收入分配、技术技能提升与职位晋升不挂钩，不仅阻滞了产业工人的成长通道，而且严重挫伤了产业工人生产积极性、主动性和创造性。

技能人才流动存在体制机制障碍。社会用人制度对职业学校毕业生有诸多限制，部门间的沟通协调机制有待健全。技能人才跨地市、跨省流动，在户籍、医疗、子女入学等方面还存在诸多障碍，限制了技能人才的合理流动。

三、产业工人队伍技术技能素质还不高

当前，我国产业工人中的技能人才总量仍然偏少，存在技术断层的隐患；知识型、复合型技能人才严重缺乏，与经济结构优化、产业转型升级的需要存在较大差距。

技术工人总量不足。技术工人仅占就业人员的21.3%，技术工人中初级工、中级工占比达到73%，结构问题突出，人才断档现象严重。十多年前就开始出现“技工荒”问题，始终没有得到根本解决，技工紧缺现象逐步从东部沿海扩散至中西部地区，从季节性演变为经常性。我国技术工人求人倍率超过1.5，高级技工求人倍率高达2，供不应求现象十分突出，高端技术工人需求缺口一直居高不下。2015年，北京市技术工人89.5万人，其中高级技师仅1.7万人，占比不足2%。很多高校毕业生不愿到企业一线工作，致使人才供需矛盾难以缓解。

技能结构不尽合理。技术工人队伍中，从低级到高级呈金字塔结构分布，高技能人才（高级工、技师、高级技师）比重远低于西方一些制造业强国水平。供给侧结构性改革中去产能的传统行业，低端技工供给过剩，通用工种（如车工、钳工、铣工等）、重要工序的技能工人屈指可数。现有产业工人队伍中，初中及以下学历占相当比例，其掌握高新技术、提高技能的能力不足。作为产业工人主要组成部分的农民工，2014年统计初中以下文化程度占77.2%，接受过专业技能培训的仅为34.8%，难以向高技能工人转型。

区域分布不均。受经济增速走低影响，东北地区对技工整体需求明显下降，人才外流严重。2011—2015年，仅黑龙江企业外流技工就达18.5万人，净流出2.2万人。东部地区对各类技工需求较旺，中部地区从初级工到高级技师求人倍率逐级递增，西部地区对技工需求“中间高、两头低”。

国际竞争力不强。总体看，过去20年，我国产业工人平均生产率不及美国同项指标的1/3；制造业劳动生产率增加值率仅约为美国的4.5%。

四、产业工人培养体系不够完善

随着《国务院关于加快发展现代职业教育的决定》《现代职业教育体系建设规划（2014—2020年）》相继实施，现代职业教育进一步得到重视，国家对此加大投入力度，仅以公共实训基地建设为例，根据国家发改委关于《〈公共实训基地建设专项管理办法（暂行）〉的通知》，对省级大型公共实训基地项目、市级综合型公共实训基地项目、县级地方特色型公共实训基地项目的补助最多分别可达 1.5 亿元、7000 万元、3000 万元。但即便如此，当前职业教育质量参差不齐，针对性和实用性不强的问题依然突出。

教育培训资源有待进一步整合。很多地区和企业缺乏科学合理的培训规划和制度保障，没有建立系统规范的培训体系，没有清晰的规划目标。各类职业教育之间的相互协调配合有待进一步推进，还存在教育培训管理政出多门、教育培训项目内容交叉、培训方式与工人需求不完全适应、国家职业标准开发水平亟待提高、培训质量不能满足升级转型需求等问题。

职业教育人才培养在适应企业需求方面还需加强。职业教育总体发展水平与经济社会发展需求还不完全适应，吸引力不强。一些职业学校还存在人才培养观念、教学方法比较陈旧，实习实训条件不足，专业重复建设、低水平建设，“双师型”教师数量不足等问题。校企合作存在障碍，学生缺少实践机会。

职业教育与普通教育衔接不畅。职业教育与普通教育之间缺乏多样化选择、多路径成才的“立交桥”。学生选择职业教育后，获取进一步深造的机会较少，面临缺少“进路”局面；高等教育缺乏以职业需求为导向、以实践能力培养为重点、以产学结合为途径的专业学位培养模式。

一些企业开展职工教育培训的积极性不高。不少企业对职工培训思想认识不到位，只看重眼前经济利益，对企业和职工发展缺少长远规划。有些国有大中型企业因担心培养的技工流失，对职工只使用，不愿投入过多开展教育培训。有的培训也只局限于内部的岗位培训，对产业工人成长进步造成影响。职工教育培训经费缺乏有效监管，大部分企业未按规定比例足额提取职工教育培训经费，提取的也较少用于职工教育培训。

五、产业工人权益保护仍待加强

社会保障水平仍然较低。目前，我国城镇依然存在针对不同人群的社保制度，分割严重、统合性差，跨省转移接续存在障碍；部分工人未纳入制度覆盖范围，不同单位、职业身份的工人享有的社保权益存在较大差异，农民工参加城镇职工基本养老保险和基本医疗保险的比例依然较低。

合法权益被侵害现象时有发生。突出表现为劳动争议案件大幅度增加，一些企业劳资矛盾呈现多发、易发、群发的特点和趋势。部分企业职工的休息休假权没有或很难得到保障，安全生产和卫生条件存在不符合国家标准的情况，职工因工伤亡和患职业病情况频繁发生。

精神文化权益实现不够充分。对产业工人精神文化建设的指导、督促和服务力度不够，缺乏健全的文化服务措施，大量农民工游离于政府公共文化服务体系之外。企业文化阵地建设不足，现有文化设施陈旧、面积狭小、疏于管理，有的甚至沦为摆设。部分单位文化创新不足、活动载体单一，对产业工人吸引力下降。

劳务派遣制制约工人合法权益的实现。劳务派遣工因身份差异存在工资增长难、培训和晋升机会少等问题，造成了“同工不同酬”“同工不同权”现象。许多企业的职代会中没有劳务派遣工的代表，致使劳务派遣工对企业的民主管理没有发言权，制约了其合法权益的实现。

思想政治工作方法单一、力度不够。思想政治工作滞后，对产业工人的思想引领不足，效果不明显。一些单位对思想教育工作不重视，忽视产业工人的思想道德建设，忽视新形势下产业工人队伍的新变化新特点新需求，思想教育工作方法缺少新意，仍采用传统的读简报、学习传达上级文件精神、召开会议、布置工作等上传下达方式，工作效果差强人意。一些单位缺乏主动服务意识，对职工关心的热点问题、存在的思想疑虑，没有及时地解疑释惑，把着力点主要放在“说教”上，思想教育工作很难深入人心、被广大产业工人接受。

第四节　推进产业工人队伍建设改革的重大意义

推进产业工人队伍建设改革，全面提高产业工人队伍素质，关系到产业工人根本利益和长远利益的实现、工人阶级领导阶级地位的巩固和国家的长治久安；关系到科教兴国、人才强国、创新驱动发展、制造强国等战略的实施，在经济全球化、新一轮科技革命和产业变革中抢占先机、赢得主动；关系到“两个一百年”奋斗目标、中华民族伟大复兴中国梦的实现。

推进产业工人队伍建设改革，从党和国家性质着眼，是巩固党的执政基础和阶级基础的迫切需要。我国是工人阶级领导的、以工农联盟为基础的人民民主专政的社会主义国家，工人阶级是国家的领导阶级，是党最坚实最可靠的阶级基础，是全面建成小康社会、坚持和发展中国特色社会主义的主力军。而产业工人是工人阶级中发挥支撑作用的主体力量，党和国家各项事业取得的新成就，全面建成小康社会取得的新进展，都离不开工人阶级特别是产业工人的奋力拼搏和忠诚奉献。

推进产业工人队伍建设改革，从促进经济社会持续健康发展着眼，是实施制造强国战略、全面提高产业工人队伍素质的迫切需要。当前，新一轮科技革命和产业变革与我国加快转变经济发展方式形成历史性交汇，国际产业分工格局正在重塑。我国经济发展进入新常态，从高速增长转为中高速增长，经济结构不断优化升级，从要素驱动、投资驱动转向创新驱动，经济向形态更高级、分工更优化、结构更合理阶段演进。但我国经济运行仍存在不少问题，产能过剩和需求结构升级矛盾突出，实体经济困难增大。国家统计局数据表明，我国劳动生产率仅为世界平均水平的40%，相当于美国劳动生产率的7.4%，与加快建设制造强国、实现产业转型升级的要求相比还存在较大差距。除了产业结构本身原因外，产业工人队伍素质是关键的制约因素。要建成制造强国，需要尖端技术和先进设备，更要有一大批能把蓝图变为现实的能工巧匠；再先进的生产技术和生产设备，最终也要靠一线产业工人来实现和操作。国际上，世界产业结构深刻调整，科技革命和产业革命是一把双刃剑，这些对产业工人来说，既是机遇也是挑战。加强产业工人队伍建设，建设一支高素质的产业工人队伍，已经成为一项重要而紧迫的战略任务，影响到我国在经济全球化、新一轮科技革命和产业变革中能否抢占先机、赢得主动。

新常态孕育经济转型发展的重要机遇。面对我国经济发展新常态，面对实施制造强国战略和创新驱动发展战略新任务，面对全球新一轮科技革命和产业变革新机遇，必须从贯彻落实新发展理念、统筹推进“五位一体”总体布局、协调推进“四个全面”战略布局和夺取全面建成小康社会决胜阶段新胜利的高度，深刻认识产业工人队伍建设的极端重要性和现实紧迫性，把推进产业工人队伍建设改革摆上党和国家工作全局的重要位置来抓，大力培养造就一支有理想守信念、懂技术会创新、敢担当讲奉献的宏大的产业工人队伍，为把我国从制造大国转变为制造强国提供有力的技能支撑和人才保证，为进一步巩固党执政地位夯实深厚的阶级基础和群众基础。

第二章　新时期产业工人队伍建设改革的总体要求

推进新时期产业工人队伍建设改革，必须坚决贯彻以习近平同志为核心的党中央关于以自我革命精神推进改革的要求，坚定不移、积极稳妥、有力有序推进改革。要牢牢把握《改革方案》的总体要求，始终坚持改革确定的指导思想，始终遵循改革确定的基本原则，结合实际，统筹谋划，调动各方面推动改革、参与改革的积极性，争当改革的促进派和实干家，确保产业工人队伍建设改革落地见效，实现改革确定的各项目标任务。

第一节　新时期产业工人队伍建设改革的指导思想

指导思想是行动指南，是指导全部活动的理论体系。新时期产业工人队伍建设改革的指导思想就是推进改革必须牢牢遵循的基本依据。只有把改革的指导思想和改革的具体实践紧密结合起来，才能确保改革顺利推进，才能实现改革的各项目标任务。

《改革方案》的指导思想是，高举中国特色社会主义伟大旗帜，全面贯彻党的十八大和十八届三中、四中、五中、六中全会精神，坚持以邓小平理论、“三个代表”重要思想、科学发展观为指导，深入贯彻习近平总书记系列重要讲话精神和治国理政新理念新思想新战略，围绕统筹推进“五位一体”总体布局和协调推进“四个全面”战略布局，坚持稳中求进工作总基调，贯彻落实新发展理念，适应把握引领经济发展新常态，按照政治上保证、制度上落实、素质上提高、权益上维护的总体思路，改革不适应产业工人队伍建设要求的体制机制，充分调动广大产业工人的积极性主动性创造性，为实现“两个一百年”奋斗目标、实现中华民族伟大复兴的中国梦更好地发挥产业工人队伍的主力军作用。

一、始终坚持继承与发展的理念

“高举中国特色社会主义伟大旗帜，全面贯彻党的十八大和十八届三中、四中、五中、六中全会精神，坚持以邓小平理论、‘三个代表’重要思想、科学发展观为指导”，是对马克思列宁主义、毛泽东思想的坚持与发展、继承与创新，是与我们党改革开放以来各个时期、各个阶段的指导思想既一脉相承而又与时俱进的要求，是我们在前进道路上战胜困难，排除干扰，经受住风险考验的可靠保证，是我们面对各种严峻形势和错综复杂局面情况取得一个又一个胜利的重要法宝。我们推进新时期产业工人队伍建设改革，同样必须坚持在这一重要思想引领下砥砺前行。

二、着重解决好新时期理论武装问题

党的十八大以来，以习近平同志为核心的党中央，带领全党全国人民开辟中国特色社会主义伟大事业新局面，取得党的建设新的伟大工程新成效，夺取具有许多新的历史特点的伟大斗争新胜利，在这“三个伟大”的新实践中，习近平总书记发表了一系列重要讲话，形成了一系列治国理政新理念新思想新战略。这是我们党指导思想的最新发展，是中国特色社会主义理论体系的最新成果，是马克思主义中国化、时代化、大众化的最新成果，是21世纪当代中国的马克思主义。我们要把深入学习习近平总书记系列重要讲话精神和治国理政新理念新思想新战略作为重大政治任务，作为我们做好各项工作、推进新时期产业工人队伍建设改革的理论指导和行动指南，进一步统一思想行动、凝聚奋进力量，把握发展大势、明确前进方向，赢得发展新优势、开创事业新局面。

三、坚决贯彻党中央最新决策部署

“统筹推进‘五位一体’总体布局和协调推进‘四个全面’战略布局，坚持稳中求进工作总基调，贯彻落实新发展理念，适应把握引领经济发展新常态”，是党中央在新的发展阶段、新的历史条件下提出的，我们必须深刻理解、准确把握、认真践行。统筹推进“五位一体”总体布局是新形势下治国理政的基本领域；协调推进“四个全面”战略布局是新形势下治国理政的战略抉择；稳中求进工作总基调是新形势下治国理政的重要原则。新发展理念，深刻揭示了实现更高质量、更有效率、更加公平、更可持续发展的必由之路，是关系我国发展全局的一场深刻变革，集中体现了我国“十三五”乃至更长时期的发展思路、发展方向、发展着力点，是管全局、管根本、管长远的导向。当前和今后一个时期，我们要把思想和行动统一到新发展理念上来，坚持把新发展理念作为工作指针，努力提高统筹贯彻新发展理念的能力和水平。习近平总书记强调指出，“‘十三五’时期，我国经济发展的显著特征就是进入新常态”，经济发展新常态带来的变化是“我国经济向形态更高级、分工更优化、结构更合理的阶段演进的必经过程”，“要把适应新常态、把握新常态、引领新常态作为贯穿发展全局和全过程的大逻辑”。因此，《改革方案》把党中央作出的最新决策部署作为推进产业工人队伍建设改革的指导思想。

四、准确把握改革的总体思路

2015 年 4 月 28 日，习近平总书记在庆祝“五一”国际劳动节暨表彰全国劳动模范和先进工作者大会上讲话指出，“不论时代怎样变迁，不论社会怎样变化，我们党全心全意依靠工人阶级的根本方针都不能忘记、不能淡化，我国工人阶级地位和作用都不容动摇、不容忽视”。2016 年 10 月 10 日，习近平总书记在全国国有企业党建工作会议上强调，要坚持全心全意依靠工人阶级的方针，是坚持党对国有企业领导的内在要求，要在政治上保证、制度上落实、素质上提高、权益上维护，不能当口号喊，要充分调动工人阶级的积极性、主动性、创造性。这些重要论述为确定改革的总体思路指明了方向。与此同时，新时期产业工人队伍还存在主人翁地位体现不够，技能素质总体不高、结构不合理，发展通道不畅等问题，因此《改革方案》提出，要按照政治上保证、制度上落实、素质上提高、权益上维护的总体思路，改革不适应产业工人队伍建设要求的体制机制，充分调动广大产业工人的积极性主动性创造性，为实现“两个一百年”奋斗目标、实现中华民族伟大复兴的中国梦更好地发挥产业工人队伍的主力军作用。

第二节　牢牢把握新时期产业工人队伍建设改革的基本原则

全面落实产业工人队伍建设改革的目标任务，必须坚持正确的工作原则。《改革方案》明确提出，推进新时期产业工人队伍建设改革必须“坚持党的领导，把握正确方向；坚持服务大局，发挥支撑作用；坚持以人为本，落实主体地位；坚持问题导向，勇于改革创新”。这 4 条基本原则，深刻反映和总结了我们党对产业工人队伍发展变化与特点规律的认识，是推进新时期产业工人队伍建设改革的重要依据、根本准绳和行动规范，必须正确认识其精神实质，准确把握其科学内涵。

一、坚持党的领导，把握正确方向是根本

中国共产党是中国特色社会主义事业的领导核心，也是中国工人运动的领导核心。回顾中国工人运动的发展史，自觉接受党的领导是中国工人阶级的优良传统，也是中国工人运动不断从胜利走向胜利的根本保证。经过血与火的斗争，工人阶级选择通过自己的先锋队——中国共产党来实现自身的领导地位和领导作用。这个领导是政治领导、思想领导和组织领导的有机统一，即工人阶级在政治上坚决贯彻党的路线方针政策，在思想上坚持以党的科学理论为指引，在组织上通过党领导的工会组织集聚起来。产业工人作为工人阶级中发挥支撑作用的主体力量，最富于组织性、纪律性和革命性，理应在接受党的领导方面更自觉、更坚定、走在最前列。如果动摇了党对产业工人的领导，就是动摇了党的工人阶级先锋队性质，也就是动摇了工人阶级的领导地位，这是关系我们党执政基础、阶级基础和工人阶级前途命运的根本问题，也是推进产业工人队伍建设改革的方向性问题。加强和改进党对产业工人的领导，必须坚持全心全意依靠工人阶级的方

针，既要从思想认识上正确看待产业工人的地位作用，更要贯彻到经济、政治、文化、社会、生态文明建设和党的建设各方面，落实到党和国家制定政策、推进工作全过程，体现到企业生产经营各环节。加强和改进党对产业工人的领导，必须坚守忠诚党的事业、竭诚服务职工的责任担当，按照政治上保证、制度上落实、素质上提高、权益上维护的总体思路，为产业工人成长成才、就业创业、报效国家、服务社会创造更多机会，最广泛地把产业工人组织动员起来，为实现党和国家的目标任务建功立业。

二、坚持服务大局，发挥支撑作用是中心

我国工人运动始终与党领导的伟大事业紧密相连，始终把实现党在不同历史时期确立的目标作为自身的历史使命和时代主题。随着时代发展、社会进步，工人阶级队伍不断壮大，先进性与时俱进，面貌焕然一新，发挥了先进阶级的重要作用，展现出领导阶级的伟大力量。党的十八大以来，以习近平同志为核心的党中央提出了实现中华民族伟大复兴中国梦的重大战略思想，赋予了包括产业工人在内的亿万职工庄严的历史使命。产业工人只有坚持把个人梦与中国梦紧密联系在一起，始终以国家主人翁姿态为坚持和发展中国特色社会主义作出贡献，才能在推动国家富强、民族复兴的过程中实现人生理想和个人价值；同样，只有充分调动产业工人的积极性主动性，引导他们满怀信心投身于为实现中国梦而奋斗的火热实践，才能形成万众一心、众志成城的磅礴力量。因此，推进产业工人队伍建设，必须牢牢把握为实现中华民族伟大复兴中国梦而奋斗的工人运动时代主题，着力提升产业工人的素质能力，努力建设知识型技术型创新型产业工人队伍，引导他们通过辛勤劳动、诚实劳动、创造性劳动，推动经济社会持续健康发展。

三、坚持以人为本，落实主体地位是落脚点

人民是推动发展的根本力量，实现好、维护好、发展好最广大人民根本利益是发展的根本目的。习近平总书记多次强调，要坚持以人

民为中心的发展思想，坚持发展为了人民、发展依靠人民、发展成果由人民共享。这充分体现了鲜明的人民立场，蕴含了深厚的民生情怀，彰显了共产党人的责任担当。贯彻落实以人民为中心的发展思想，要体现在经济社会发展各个环节。具体到产业工人队伍建设改革问题，就是要明确改革的落脚点，推动改革往有利于维护社会公平正义方向前进，往有利于促进产业工人实现体面劳动、全面发展方向前进，做到产业工人关心什么、期盼什么，改革就要抓住什么、推进什么，通过改革给产业工人带来更多获得感。当前，广大产业工人对增加自身收入、提高技能素质、强化社会保障、满足精神文化需求、维护合法权益的要求还很迫切。只有正视产业工人的合理诉求，发展才能健康持续，否则，维护社会公平正义、坚持以人民为中心就会止于空谈或空想，改革发展稳定大局将受到影响。要从产业工人普遍关心的方面入手，着重围绕落实产业工人的主体地位，以公平正义为价值追求，建立维护产业工人权益机制，排除阻碍产业工人参与发展、分享发展成果的障碍，维护产业工人切身利益，全面提高产业工人的经济、政治、文化、社会地位，让产业工人有更多获得感，劳动权益有更多保障，劳动热情竞相迸发，创造活力充分涌流。

四、坚持问题导向，勇于改革创新是方法

改革是由问题倒逼而产生，又在不断解决问题中而深化。推动产业工人队伍建设改革取得实效，必须以直面问题的勇气、解决问题的担当、破解难题的能力，敢于啃硬骨头，敢于向顽疾开刀，不断提高改革的针对性和实效性。当前，产业工人队伍建设一个突出问题是，产业工人结构复杂、分布广泛，在不同群体、不同产业、不同行业、不同地域和不同所有制企业之间都存在较大差异，必须坚持以科学的方法统筹推进产业工人队伍建设改革。要在遵循统一要求的基础上，对产业工人队伍建设的目标任务、工作举措、支持保障等提出具体清晰的要求，形成可操作、能落实的办法，因地制宜、因企施策。反之，如果都开一个药方，搞“一刀切”“一锅煮”，就容易大而化之、上下一般粗。此外，产业工人队伍建设还存在思想认识不到位、政策

制度不完善、运行体制不顺畅、制度执行不到位等问题，要抓住重点和难点，破除束缚产业工人队伍建设的思想观念和体制机制，清障搭台，强化保障，积极稳妥推进改革，确保改革落地见效。

第三节　正确理解新时期产业工人队伍建设改革的目标任务

《改革方案》明确提出了新时期产业工人队伍建设改革的目标任务，即“把产业工人队伍建设作为实施科教兴国战略、人才强国战略、创新驱动发展战略的重要支撑和基础保障，纳入国家和地方经济社会发展规划，通过改革，产业工人队伍不断壮大、综合素质明显提高，保障产业工人地位的制度更加健全，产业工人合法权益进一步实现，劳动光荣、技能宝贵、创造伟大的时代风尚更加浓厚，造就一支有理想守信念、懂技术会创新、敢担当讲奉献的宏大的产业工人队伍”，为推进新时期产业工人队伍建设指明了奋斗方向，明确了努力目标，对于凝聚各方共识、汇集各方智慧，更好地把思想和行动统一到党中央的决策部署上来，具有重要意义。

一、体现了党中央的要求和产业工人队伍发展实际的契合

习近平总书记高度重视包括产业工人在内的工人阶级，多次发表重要讲话、作出重要指示。在产业工人地位使命方面强调，工人阶级是我国的领导阶级，产业工人是工人阶级的主体力量；在产业工人队伍建设方面指出，要从巩固党的执政基础的高度，从促进我国经济社会持续健康发展的高度，加快产业工人队伍建设改革，造就一支有理想守信念、懂技术会创新、敢担当讲奉献的宏大的产业工人队伍；在产业工人素质提升方面要求，工业强国都是技师技工的大国，我们要有很强的技术工人队伍；在落实产业工人地位方面重申，全心全意依靠工人阶级要贯彻到党和国家政策制定、工作推进全过程，落实到企业生产经营各方面。这一系列重要指示，为明确产业工人队伍建设改革的目标任务提供了重要遵循。《改革方案》坚持从实际出发，结合产业工人对维护自身权益、实现全面发展、共享改革成果的合理诉

求，以及当前产业工人队伍建设已有的工作成果和存在的突出问题，有针对性地设定目标任务。既敢于攻坚克难、不避重就轻，又本着实事求是、科学审慎的态度，使目标任务符合我国经济社会发展实际，符合产业工人队伍实际，经得起历史和实践检验。

二、明确了产业工人队伍建设在党和国家工作大局中的工作定位

产业工人队伍建设在党和国家工作大局中处于什么样的位置？这是一个需要厘清的重要问题。《改革方案》将产业工人队伍建设上升到支撑和保障“三大战略”、进而推动经济发展突破瓶颈、解决深层次矛盾和问题的高度，阐明了新时期产业工人队伍建设的重要定位，可以说是《改革方案》的一大亮点。支撑和保障作用如何体现？在助力科教兴国战略方面，坚持科学技术是第一生产力，通过提升产业工人的科技文化素质，从产业工人中培养选拔科技人才及各类专业技术能手，推动把经济建设转移到依靠科技进步和提高劳动者素质的轨道上来；在助力创新驱动发展战略方面，坚持创新作为引领发展的第一动力，引导产业工人增强创新动力、提高创新能力，推动发展方式向依靠持续的知识积累、技术进步和劳动力素质提升转变；在助力人才强国战略方面，坚持人才资源是第一资源，建设包括高素质产业工人队伍在内的专业技术人才队伍，为实现我国经济社会发展的宏伟目标提供坚强有力的人才保证。围绕这一定位，把产业工人队伍建设纳入国家和地方经济社会发展规划，在组织力量、政策配套、财政支出等各方面加大支持力度，推动产业工人队伍建设与经济社会同步发展。

三、部署了产业工人队伍建设改革的主要任务

确保产业工人队伍建设改革取得预期效果，找准问题是前提。为解决当前产业工人队伍建设在数量结构、整体素质、制度保障、权益实现、思想认识等方面存在的突出问题，《改革方案》提出了 4 个方面的主要任务。其中，“产业工人队伍不断壮大、综合素质明显提高”，是从促进经济社会持续健康发展和实现产业工人全面发展出发，

旨在全面提升产业工人思想道德素质、科学文化素质、技术技能素质、民主法治素质、健康素质。高技能人才大量产生，“大国工匠”竞相涌现，产业工人队伍知识化、技能化、专业化程度适应先进生产力发展水平，对实施《中国制造2025》骨干作用显著增强。“保障产业工人地位的制度更加健全”，是从夯实党执政的阶级基础和群众基础出发，旨在推动尊重劳动、尊重知识、尊重人才、尊重创造的重大方针得到贯彻落实，适应社会主义市场经济体制要求，产业工人队伍建设体制机制在重要领域和关键环节取得突破性进展。“产业工人合法权益进一步实现”，是从贯彻落实坚持以人民为中心的发展思想出发，旨在推动产业工人劳动就业、收入分配、社会保障、教育培训、劳动安全卫生等权益得到更好落实，在共建共享中有更多获得感。“劳动光荣、技能宝贵、创造伟大的时代风尚更加浓厚”，是从培育和践行社会主义核心价值观、引领和带动社会风气出发，推动劳模精神、劳动精神、工匠精神得到广泛弘扬，劳动价值得到充分认可，产业工人得到普遍尊重，劳动最光荣、劳动最崇高、劳动最伟大、劳动最美丽的观念蔚然成风。

四、概括了新时期产业工人队伍的鲜明特征

《改革方案》用“有理想守信念、懂技术会创新、敢担当讲奉献”这18个字概括了新时期产业工人队伍特征，对规模数量提出了“宏大”的明确要求，言简意赅、旗帜鲜明。这与大力弘扬的劳模精神、劳动精神、工匠精神既一脉相承，又融合产业工人的性质使命和鲜明特色，有新的发展、新的提炼。产业工人作为工人阶级中发挥支撑作用的主体力量，集中体现了中国工人阶级的优秀品质和突出特点，在社会结构深刻变动、利益格局深刻调整、思想观念深刻变化的新形势下，把产业工人鲜明特征作为时代的精神符号响亮提出，对于鼓舞人心、弘扬正气、凝聚共识，具有极其重要的意义。“有理想守信念”是政治要求，是指产业工人要坚决维护以习近平同志为核心的党中央权威，坚守中国特色社会主义理想和爱党报国的政治信念，自觉投身党领导的建设中国特色社会主义的伟大事业，在思想上政治上行动上

同党中央保持高度一致。“懂技术会创新”是专业要求，是指产业工人要努力掌握新知识，增强新技能，顺应社会前进的潮流不断提高创新能力，用劳动为实现中国梦添砖加瓦，争做有智慧、有技术、能发明、会创新的劳动者。“敢担当讲奉献”是品格要求，是指产业工人要继承光荣传统，不畏风险挑战，埋头苦干、恪尽职守，自觉把自身利益同国家利益、企业利益紧密联系在一起，正确对待改革中利益关系的调整，做改革发展稳定的坚定支持者、维护者。

第三章　加强和改进产业工人队伍思想政治建设

我国产业工人的特点和地位决定了新时期产业工人队伍建设改革，必须充分发挥党组织的领导核心作用，确立党对产业工人队伍建设的领导地位。以加强党的领导为核心的思想政治建设，是做好新时期产业工人队伍建设改革工作的灵魂和基础，是夯实党执政的阶级基础和群众基础的有力抓手。新的历史时期，加强和改进产业工人队伍思想政治建设，有利于巩固党的执政地位，有利于不断强化产业工人的阶级意识、行使当家做主权利，有利于发展更加广泛、更加充分、更加健全的人民民主。在《改革方案》中的5大方面25条举措中，涵盖了产业工人的思想引领、技能提升、作用发挥、支撑保障等各个方面的体制机制，其中最大的亮点就是把加强和改进产业工人队伍思想政治建设放在首要位置，从强化和创新产业工人队伍党建工作、突出产业工人思想政治引领、健全保证产业工人主人翁地位的制度安排、创新面向产业工人的工会工作等方面，提出一系列创新举措。

第一节　强化和创新产业工人队伍党建工作

《改革方案》主要举措第一条提出“强化和创新产业工人队伍党建工作”，具体内容是：加大在产业工人队伍中发展党员力度，把技术能手、青年专家、优秀工人吸收到党组织中来，提高工人党员比例。适应新技术新业态新模式发展，探索不同类型企业党建工作方式方法，推进在非公有制企业、社会组织及小微企业就业的工人中发展党员的工作。大力加强企业基层党组织建设，推进“两学一做”学习教育常态化制度化，严格落实“三会一课”等党的组织生活制度，加强党员日常教育管理，发挥车间班组党组织的战斗堡垒作用和工人党员的先锋模范作用，不断增强产业工人先进性。

我国工人阶级是近代以来我国社会发展的产物，产业工人更是具有严格的组织性纪律性和革命的坚定性彻底性等品格。中国工人阶级队伍的成长壮大，与我们党的诞生、成长、壮大紧密相连、相辅相成。我们党从成立之日起，就把自己定为中国工人阶级的政党，始终坚持工人阶级先锋队的性质，为保持自身的先进性奠定了坚实的阶级基础。在我国，工人阶级的领导地位和领导作用，是通过自己的先锋队——中国共产党来实现的。党应由工人阶级先进分子所组成，这是马克思列宁主义建党学说的一个重要原则。我们党一开始就十分重视党员的先进性，集合了一大批工人阶级中具有共产主义觉悟的先进分子，成为中国工人阶级的先锋队。我们党是马克思列宁主义与中国工人运动相结合的产物。工人阶级的形成是建党的根本条件。新民主主义革命时期，由于当时中国社会的特点，我们党的绝大多数党员来自农民和其他劳动者，也有不少来自知识分子，还有来自非劳动者阶层的革命分子。新中国成立后，我国产业工人队伍不断壮大，思想道德素质和科学文化素质日益提高，大批优秀工人加入了中国共产党，有的成为先进模范人物，走上了国家重要领导岗位，工人阶级的先进性不断发展，党执政的阶级基础和群众基础日益巩固和增强。

进入新时期以来，产业工人队伍肩负使命更加光荣而艰巨，面对为实现中华民族伟大复兴的中国梦而奋斗的工人运动时代主题，产业工人队伍建设改革必须融入推进党的建设新的伟大工程中。把产业工人队伍建设好，使其主人翁地位充分体现出来、作用很好发挥出来，很重要的一个方面，就是要在党的建设中贯彻好全心全意依靠工人阶级方针，使产业工人在党的队伍结构中、在党的领导体制中、在党的组织体系中、在党的干部和人才队伍中，都占有重要地位、发挥关键作用。只有这样，才能切实巩固党执政的阶级基础和群众基础，才能加强和改善党的领导，才能保证党的先进性、纯洁性和原则性、战斗性。据中央组织部公布的《中国共产党党内统计公报》，近年来，尽管加强了从工人中发展党员的工作，但工人党员所占比例总体仍在走低。截至2015年年底，全国党员总数为8875.8万名，其中工人724.4万名，比例为8.16%；2014年这一比例为8.36%，2013年为8.47%。为此，《改革方案》提出，要在产业工人队伍中加大发展党员力度，进一步加强党在工人群众中的工作，对在工人群众中发展新党员给予适当政策倾斜，及时把产业工人队伍中的优秀分子吸收到党内来，重视从技术能手、青年专家、优秀工人中发展党员，提高工人党员比例。要重视推进在非公有制企业、社会组织及小微企业就业的工人中发展党员的工作，重视在农民工中发展党员。当前，我国农民工数量达2.82亿人，已成为工人阶级的重要组成部分。更加重视发展农民工入党工作，就要针对农民工在外表现难掌握、优秀苗子难发现、培养考察难落实等问题，拓宽发展思路，创新工作机制，形成有效制度办法，把更多优秀农民工吸收到党组织中来。

近年来，企业中党的基层组织建设取得了重大进展，但还应该看到，有的企业中基层党组织软弱涣散问题依然存在，在各类新经济组织中，党的基层组织还没有建立起来。要针对许多企业面广、点多、线长的现状，督促企业梳理盘点，找出党的组织建设空白点，把支部建到项目上、建到班组上。根据不同类型混合所有制企业特点，明确党组织设置方式、职责定位和管理模式，防止在“混合”声浪中把党的组织抽空。各级党组织要适应新技术新业态新模式发展，在改革过程中探索不同类型企业党建工作方式方法，围绕服务企业发展抓党建，把生产经营中的难点、职工关注的热点和企业发展的焦点问题作为党组织工作的重点，找准党建工作服务企业发展的结合点、切入点和着力点，从根本上解决“两张皮”的问题。围绕服务依法治企抓党建，非公有制企业党组织既要善于以法律为依据开展工作，又要充分尊重出资人依法独立行使经营决策权，做到不抢位、不错位、不越位、不与公司法相冲突，不与市场经济条件下企业的发展规律相违背。围绕服务文化建设抓党建，通过开展各种党的组织生活、文化活动，把党的先进文化、优良传统转化为非公有制企业发展所需的正能量，构建以社会主义核心价值观为引领的企业文化。围绕服务职工群众抓党建，重视发挥职工代表大会的作用，在建立科学的收入分配制度、工资增长机制和加大对企业困难职工群众帮扶力度等方面狠下功夫，维护职工群众的物质利益。要充分发挥遍布城乡的工青妇等群团组织网络和基层阵地作用，把基层党组织力量和群团组织力量整合起来，以党建带群建，使党的组织在基层、在企业中生根开花。

不断加强企业党组织建设，必须坚持抓基层、打基础。要不断完善企业党组织体系，实现党的组织、党的工作和党员作用的全覆盖，提高企业党组织的创造力、凝聚力和战斗力，建设一个能够团结带领职工群众推进企业改革发展的坚强战斗堡垒。要增强企业党建工作活力，深化学习型服务型创新型党组织建设，开展富有吸引力感召力的党组织活动。注重在车间、班组中推进“两学一做”学习教育常态化制度化，严格落实“三会一课”等党内政治生活。强化基础保障，选优配强基层党组织书记，加强基层党组织书记培训，提高能力素质和履职本领。加强企业一线党员队伍建设，完善党员日常教育管理机制，充分发挥车间、班组党组织作用和工人党员的先锋模范作用，运用身边事例、现身说法，强化互动交流、答疑释惑，增强党组织的吸引力和感染力，教育引导工人党员进一步坚定理想信念，勇于担当作为，争做“四讲四有”合格党员，建设一支经得起困难和风险考验、在企业改革发展稳定中发挥先锋模范作用的产业工人党员队伍，不断增强产业工人先进性。

第二节　突出产业工人思想政治引领

《改革方案》主要措施第二条提出“突出产业工人思想政治引领”，具体内容是：加强理想信念教育，引领团结产业工人坚决拥护以习近平同志为核心的党中央，自觉践行社会主义核心价值观，坚定不移听党话、跟党走。强化职业精神和职业素养教育，大力弘扬劳模精神、劳动精神、工匠精神，引导产业工人爱岗敬业、甘于奉献，培育健康文明、昂扬向上的职工文化，在精神文明建设中发挥示范导向作用。突出思想政治工作先导作用，制定加强和改进产业工人思想政治工作意见。加强法治教育，提高产业工人法律素养和诚信意识，引导产业工人依法理性有序表达利益诉求，坚决维护产业工人队伍团结统一和社会和谐稳定。

改革开放以来，广大产业工人的政治素质和思想道德素质大大提高，他们拥护党、爱国家、爱岗位、重实干，站在改革开放和经济建设的第一线，为中国成为世界第二大经济体作出了突出贡献。当前，广大产业工人对中国特色社会主义的信念和信心坚定，具备正确的劳动观念，比较认同积极向上的劳动价值取向，产业工人队伍总体上呈现出积极向上、努力进取的态势，全社会弘扬劳模精神、劳动精神、工匠精神的氛围不断形成。但是也要看到，由于受各种因素影响，一些产业工人主人翁意识淡化，自信心不足，缺乏对产业工人身份的认同感和自豪感，在非公有制企业中"为人打工，低人一等"的心理较普遍；社会上普遍认为工人这一职业的吸引力不强，甚至连一些劳模都不愿子女当工人。

习近平总书记深刻指出，劳动是人类的本质活动，劳动光荣、创造伟大是对人类文明进步规律的重要诠释；实现中华民族伟大复兴的中国梦，根本上要靠包括广大工人阶级在内的全体人民的劳动、创造、奉献。在中国特色社会主义制度条件下，劳动者是国家的主人、社会的主人、企业发展的主人。加强理想信念教育，就是要引领团结产业工人坚决拥护以习近平同志为核心的党中央，自觉践行社会主义核心价值观，坚定不移听党话、跟党走，这是对产业工人进行思想引领的最关键、最首要任务；就是要认真学习贯彻习近平总书记系列重要讲话精神特别是关于工人阶级的重要论述，用中国梦和社会主义核心价值观凝聚共识、汇聚力量，增强产业工人的国家意识、法治意识、道德意识、社会责任意识、生态文明意识。要深入研究如何在职工群众中培育和践行社会主义核心价值观，不断发展工人阶级先进性问题。要重视加强青年产业工人的理想信念教育，深化中国特色社会主义理论体系的学习研究宣传，把社会主义核心价值观贯穿融入经济社会发展各领域和社会生活各方面。通过教育引导、舆论宣传、文化熏陶、行为实践、制度保障，使社会主义核心价值观内化为产业工人的坚定信念，外化为产业工人的自觉行动，增强产业工人的道路自信、理论自信、制度自信、文化自信。

要用正确的世界观、人生观、价值观引领产业工人，大力弘扬劳模精神、劳动精神、工匠精神，在全社会树立辛勤劳动、诚实劳动、创造性劳动的理念，广泛宣传劳动创造财富、创造价值，突出劳动在国家经济社会中的主导作用，凸显产业工人的社会贡献与价值和在改革发展稳定中的主体地位，在全社会形成劳动光荣、技能宝贵、创造伟大的主流价值观。宣传文化部门在政策制定、资金划拨、评审评优等方面，更多地向反映当代工人阶级风采、讲述产业工人故事的作品倾斜，鼓励文艺工作者创作出更多宣传劳动者的优秀作品。中央和地方主流媒体应将宣传“工人伟大、劳动光荣”作为重大的政治任务，在重要版面、黄金时段和优秀栏目中加大宣传力度，巩固发展积极向上的主流思想舆论。要强化职业精神和职业素养教育，注重通过中小学教育教学中劳动意识和习惯的养成，强调职业教育中职业精神和职业素养的融入。着力培养产业工人执着专注、精益求精、一丝不苟、追求卓越的职业素养，引导产业工人树立爱岗敬业、甘于奉献的职业精神，以健康文明、昂扬向上的职工文化，彰显产业工人在精神文明建设中发挥的示范导向作用。

党中央、国务院高度重视对产业工人的思想引领工作，在《中共中央关于加强和改进党的群团工作的意见》《关于构建和谐劳动关系的意见》《关于深化国有企业改革的指导意见》等文件中，都对加强职工思想政治教育提出明确要求。为了突出思想政治工作先导作用，要研究制定加强和改进产业工人思想政治工作意见，改变职工思想政治工作传统模式，以创新的思想政治工作思路理念和方式方法，充分运用“互联网 +”、微博、微信、手机 APP 等新媒体，用生动活泼、灵活多样、喜闻乐见的方式，潜移默化地做好职工思想政治工作。要建立和完善职工思想状况定期调查制度，搭建职工群众广谏良策、表现自我、展现才智的平台；加强青年职工的人文关怀和心理疏导，实施员工心理援助项目，开展社会关怀活动，通过调查走访、热线电话、心理咨询、文体活动等方式帮助他们缓解工作和心理压力，提高应对挫折的能力；深入开展群众性精神文明创建活动，努力建设先进企业文化职工文化，开展职工群众喜闻乐见的文体活动，不断满足职工日益增长的物质文化需求，引导职工与企业结成利益共同体、事业共同体、命运共同体，增强职工对企业的认同感和归属感。

法治教育是依法治国、建设社会主义法治国家重要的基础性工作，它的根本目标是提高全民的法律素质。要以提高产业工人的法律素养为目标，加强面向产业工人的法治教育，引导广大产业工人牢固树立大局意识、国家意识和法治意识，识大体，顾大局，正确认识我国的基本国情和现阶段社会发展特征，正确认识和处理个人利益和集体利益、职工利益和企业利益、局部利益和整体利益、当前利益和长远利益的关系，正确认识当前出现的新情况、新矛盾和解决问题的长期性、复杂性，帮助解疑释惑，学会按照法律程序，理性有序表达利益诉求，依法行使民主权利，保护自己的合法权益，促进劳动关系和谐，自觉维护产业工人队伍团结统一和社会和谐稳定。

第三节　健全保证产业工人主人翁地位的制度安排

改革开放以来，党和国家对坚持全心全意依靠工人阶级的方针始终是坚定不移的，对工人阶级的主人翁地位和作用始终是充分肯定的，通过制定有关法律法规，出台有关政策文件，为贯彻这一方针，落实工人阶级的主人翁地位，提供了充分的依据和保障。但是，我们也必须清醒地看到，在改革开放和发展社会主义市场经济的过程中，这个重大的政治原则问题，的确面临着诸多挑战。这些年来，不仅在理论上出现了许多模糊认识甚至错误观点，而且在实践中也屡屡发生侵犯职工合法权益的问题，严重损害了职工的主人翁权利，挫伤了他们的积极性，有时甚至激化了矛盾，导致出现群体性事件，影响了职工队伍和社会政治的稳定。面对这些问题，迫切需要我们按照习近平总书记关于工人阶级地位作用的重要讲话精神，从理论和实践上加以解决。不断探索工人阶级当家做主权利新的实现途径和方法，保障工人阶级的主人翁权利，进一步发挥产业工人主人翁的积极性和创造性。这些途径主要包括：适当提高产业工人参政议政的比例、探索实行产业工人在群团组织挂职和兼职、健全协调劳动关系三方机制及政府和工会联席（联系）会议制度、落实以职工代表大会为基本形式的民主管理制度等。

党的十八大报告中提出，要提高基层人大代表特别是一线工人、农民、知识分子代表比例，降低党政领导干部代表比例。有关各方为此采取了相应措施。如农民工人大代表在第十一届全国人大代表选举中第一次出现，全国有3名农民工全国人大代表分别在上海、广东、重庆选出。实际上，不仅是人大代表中一线工人数量增加，在党的十八大上工人代表数量也大幅增加。十八大工人党员代表由十七大时的51名增加到169名，占代表总数的7.4%，比十七大时提高5.1个百分点。这种变化是可喜的，应当加以巩固和强化。不过，总体而言，在各级党组织、人大、政协、群团组织代表大会代表和委员会委员中，一线产业工人的比例还不算高，其中还不乏“代表身份严重失真”的水分。如2012年年底，湖南省衡阳市差额选举省人大代表中，发生了严重的以贿赂手段破坏选举的违纪违法案件。经调查，有15名企业主以工人身份当选，另有10名企业主以农民身份当选。这显然与中央的精神和人大的规定是严重相悖的。为此，必须加大工作力度，从政治安排、制度落实、舆论宣传等方面，贯彻落实全心全意依靠工人阶级的方针，把提高产业工人代表比例作为重要政治任务安排好。探索实行产业工人在群团组织挂职和兼职。要以推进群团改革为契机，在精简工青妇等群团组织机关内设机构、减少专职成员数量的基础上，通过挂职和兼职吸纳各行各业优秀干部和人才特别是有一定参政议政能力的一线产业工人，参与到群团机关领导工作中来，进一步发挥好群团组织的桥梁和纽带作用。

工会作为职工群众组织，要注重从源头抓起，通过健全协调劳动关系三方机制、政府与工会联席（联系）会议制度等，主动争取加入相关领导机构、协调机构，参与涉及职工劳动经济权益法律法规政策的制定与实施。要注重运用法律武器，配合人大、政府、政协等有关部门，通过执法检查、法律援助、劳动监察等途径，维护稳定的劳动关系。对地方党委政府涉及职工群众利益问题的重大决策，工会要积极作为，主动介入，敢于讲话，客观真实地反映职工的利益诉求。

巩固和加强工人阶级的主人翁地位，必须落实和完善以职工代表大会为基本形式的企业民主管理制度。2012 年，中央纪委、中央组织部、国务院国资委、监察部、全国总工会、全国工商联在现行国家法律法规和地方立法实践的基础上，制定下发了《企业民主管理规定》。《规定》规范的重点是职工代表大会制度，对厂务公开、职工董事职工监事制度也作了规定，明确在社会主义市场经济条件下，所有的企业不分所有制都要实行民主管理，消除了非公有制企业实行民主管理的困扰，为非公有制企业建立职工代表大会、厂务公开制度，为公司制企业实行职工董事职工监事制度，保障职工行使民主管理权力，提供了强有力的政策支持和制度保障。

在我国企业实行民主管理的实践中，职工代表大会制度具有法定的权威性、广泛的适用性、普遍的代表性和充分的公开性，采取票决制的少数服从多数的民主原则，都是其他企业民主管理形式所不具备的，因而，职工代表大会成为企业民主管理的基本形式。必须大力推进企业普遍建立职工代表大会制度，认真落实职工代表大会职权，充分发挥职工代表大会在企业发展重大决策和涉及职工切身利益等重大事项上的重要作用。要针对不同所有制企业，探索符合各自特点的职工代表大会形式、权限和职能。在中小企业集中的地方，可以建立区域性、行业性职工代表大会。

厂务公开制度要求企业除国家法律规定不得公开或确属市场竞争所必须保守的商业秘密、技术秘密外，其他一切有关企业重大决策问题、企业生产经营管理方面的重要问题、涉及职工切身利益方面的问题、与企业领导班子建设和党风廉政建设密切相关的问题，都要向职工公开，这就为职工民主参与管理和决策提供了基本的前提条件。厂务公开主要载体是职工代表大会，通过厂务公开，不断充实和丰富职代会的内容，提高职代会的质量和实效，落实广大职工群众的知情权、审议权、通过权、决定权和评议监督权。职工董事制度、职工监事制度，是公司制企业通过职工代表大会民主选举一定数量的职工代表，分别进入董事会、监事会，代表职工源头参与公司决策和监督的基层民主管理形式。伴随我国社会主义市场经济的深入发展，公司制作为现代企业的有效组织形式，日益成为各种所有制企业改革发展的普遍选择，在这样的背景下，坚持和完善职工董事制度、职工监事制度，鼓励工人代表有序参与公司治理，是健全保证产业工人主人翁地位制度安排的题中应有之义。

第四节　创新面向产业工人的工会工作

随着工业化、信息化、城镇化、市场化、国际化的深刻变化，我国产业工人队伍迅速壮大，内部结构日趋复杂，利益诉求趋于多元化，信息传播方式的深刻变革对产业工人思想和行为方式影响日益加深。面对新形势新任务，工会组织还存在不少与之不相适应的问题，影响着工会职能的发挥和工作水平的提升。解决这些问题，根本出路在于改革创新。

习近平总书记高度重视工会工作的创新发展，多次强调，时代在发展、事业在创新，工会工作也要发展、也要创新，要增强自我革新的勇气，下大气力解决突出问题，自觉运用改革精神谋划推进工会工作，创新组织体制、运行机制、活动方式、工作方法，推动工会工作再上新台阶。习近平总书记系列重要讲话特别是在中央党的群团工作会议上的讲话及关于工人阶级和工会工作的重要论述，是指导工会改革的基本遵循。对此，《改革方案》明确提出，“创新面向产业工人的工会工作”。坚持党建带工建，适应新时期产业工人队伍发展规模、内部结构、利益诉求、思想观念的新变化新特点，直面问题，自我革新，进一步改进工会组织体制、运行机制、活动方式、工作方法，创新国有企业工会工作，加强非公有制企业和混合所有制企业工会工作，保持和增强工会组织的政治性、先进性、群众性，把工会组织建设得更加充满活力、更加坚强有力，更好地发挥党联系职工群众的桥梁纽带作用、国家政权的重要社会支柱作用和职工利益的代表者维护者作用。

第四章　构建产业工人技能形成体系

素质是立身之基，技能是立业之本。当今世界，综合国力竞争日趋激烈，全球新一轮科技革命和产业变革正在孕育兴起，人才日益成为综合国力竞争的决胜因素。《改革方案》提出，构建产业工人技能形成体系，着力提升产业工人的素质能力，造就一支有理想守信念、懂技术会创新、敢担当讲奉献的宏大的产业工人队伍。这是中央文件第一次使用"技能形成体系"概念，用来改革完善职业教育和职业培训等相关制度体系，重新建构有利于产业工人技能素质提升的体制环境，是《改革方案》的一个理论创新和制度创新，体现了党和国家对推进产业工人队伍建设改革的重视和决心。

第一节　"技能形成体系"内涵丰富

技能形成体系是源自演化经济学的一个学术概念，是指国家协调社会各部门、各相关主体的利益关系，以达成社会合作的方式培育社会经济发展所需技能的系统性制度安排。理想的技能形成体系是一个作用机理复杂的制度系统，内容包括责任分担的技能投资制度、标准化与可转移的技能供应制度、科学公正的技能评价和资格认证制度、公平可信的技能使用制度（包含薪酬体系、集体协商、学徒制等）以及多方支持的社会合作制度等。

一个国家的技能形成过程非常复杂。单个劳动者获得技能、提高技能和使用技能或许是单纯的个体行为，一大批劳动者获得技能、提高技能和使用技能则是集体意义上的社会行为，是一组微妙的经济利益关系，需要国家在政府部门、教育与培训系统、企业（资本）以及劳动力等相关主体之间进行协调和平衡。多方主体在利益博弈过程中相互影响，从而生成一种有利于技能传递和形成的体制环境。

经过长期演化，德国技能形成体系被公认为是工业化国家的成功范式，具有两个关键特征：工业技能资格由国家统一认证和企业培训由工会全程监管。作为德国技能供应制度的标志，“双元制”学徒工培养模式卓有成效：一是企业是职业教育和培训的主体，普遍通过厂办技校、设立学徒工实训车间的厂内培训方式，产教融合、工学一体；二是培养成本由企业和学徒工双方共同分担，政府通过设立公立技校和促进义务职业教育方式补贴部分成本，雇主协会和工会通过行业集体协商签订合同保障学徒工收入待遇，保护企业投资培训积极性；三是联邦职业委员会、雇主协会、工会、政府代表联合进行技能考核评价和技能资格认证。德国通过企业雇主、工会和政府等多方协商达成社会性合作，成功化解了企业不愿提供培训只想挖人搭便车的市场失灵问题（集体行动困境），解决了高速工业化过程中的技工荒难题，支撑德国成为世界工业强国。

产业工人队伍建设是实施科教兴国战略、人才强国战略、创新驱动发展战略、制造强国战略的重要支撑和基础保障。构建产业工人技能形成体系，就是要通过改革和完善相关制度，有效干预技能形成过程，协调平衡各方利益，形成有利于提高产业工人队伍技能水平的体制环境，建立完善面向产业工人的职业教育和职业培训制度体系，推动高素质产业工人队伍建设，为实施制造强国战略提供强大的技能支撑和人才保障。主要举措包括完善现代职业教育制度，改革职业技能培训制度，统筹发展职业学校教育和职业培训，改进产业工人技能评价方式，打造更多高技能人才，促进农民工融入城市、稳定就业。

第二节　完善现代职业教育制度

技能形成始于职业教育。工艺非学不兴，学非工艺不显。在《改革方案》中，职业教育是指劳动者入职前的各层次各类型职业院校（含技工院校）提供的技能教育，或是指未来产业工人的培养。发展现代职业教育是构建产业工人技能形成体系的基础，对于发挥我国人力和人才资源巨大优势、推进产业工人队伍建设、振兴实体经济、提升综合国力具有重要意义。

一、党中央、国务院高度重视职业教育改革发展

我国的职业教育体系从新中国成立之初就开始构建，经历短暂发展之后又遭受了“文革”破坏。改革开放以后，中等职业教育得到恢复和发展，高等职业教育体系开始构建。20世纪80年代到90年代末是我国职业教育发展的黄金时期，中等职业教育规模取得了突飞猛进的扩展。但是，随后职业教育一度出现了较大滑坡。主要原因是高等教育从精英教育走向大众教育，高校大规模扩招，中职生源被分流，导致中职招生规模大幅度下降，办学条件和教育质量也大不如前。2002年后，职业教育恢复发展。

党的十八大以来，以习近平同志为核心的党中央高度重视职业教育改革发展工作。党的十八大报告提出，要“加快发展现代职业教育”；党的十八届三中全会进一步强调，要加快现代职业教育体系建设。2014年，国务院召开了新世纪以来第三次全国职业教育工作会议，印发了《关于加快发展现代职业教育的决定》，对推进职业教育现代化作出专门部署。习近平总书记指出，职业教育是国民教育体系和人力资源开发的重要组成部分，是广大青年打开通往成功成才大门的重要途径，肩负着培养多样化人才、传承技术技能、促进就业创业的重要职责，必须高度重视、加快发展。要树立正确人才观，培育和践行社会主义核心价值观，着力提高人才培养质量，弘扬劳动光荣、技能宝贵、创造伟大的时代风尚，营造人人皆可成才、人人尽展其才的良好环境，努力培养数以亿计的高素质劳动者和技术技能人才。

国务院把职业教育作为教育投入的重点倾斜领域，近年来投入力度之大前所未有。2015年全国职业教育财政性经费达2950亿元，比2010年增加1490亿元，增长102.1%，年均增长15.1%。“十二五”以来，国家实施了示范性中等和高等职业学校建设、职业院校教师素质提高计划、实训基地建设、中职基础能力建设、高职提升专业服务产业能力建设、现代职业教育质量提升计划等重大工程，中央财政投

入超过800亿元，打造了一批骨干学校、专业和师资。

现代职业教育体系建设量化目标（教育部）*

目　标	单　位	2012年	2015年	2020年
中等职业教育在校生数	万人	2114	2250	2350
专科层次职业教育在校生数	万人	964	1390	1480
继续教育参与人次	万人次	21000	29000	35000
职业院校职业教育集团参与率	%	75	85	90
高职院校招收有实际工作经验学习者比例	%	5	10	20
职业院校培训在校生（折合数）相当于学历职业教育在校生的比例	%	14	20	30
实训基地骨干专业覆盖率	%	35	50	80
有实践经验的专兼职教师占专业教师总数的比例	%	35	45	60
职业院校校园网覆盖率	%	90	100	100
数字化资源专业覆盖率	%	70	80	100

* 资料来源于《现代职业教育体系建设规划（2014—2020年）》

“十三五”技工教育主要指标（人力资源和社会保障部）*

指　标	2015年	2020年
技工院校数（所）	2545	>2000
技师学院数（所）	434	450
年招生规模（万人）	121	125
在校生规模（万人）	322	350
高级工班以上在校生比例（%）	34.2	40

续表

指　标	2015 年	2020 年
毕业生就业率（%）	97.4	>97
开展职业培训（万人次）	［2589］	［>2800］
开发技工院校国家级教材（种）	［1300］	［1500］
一体化课程教学改革专业数（个）	14	50
技工院校校园网覆盖率（%）	—	100
注：［　］内为五年累计数。		

＊资料来源于《技工教育“十三五”规划》

二、职业教育改革发展成效和存在的主要问题

改革开放以来，我国职业教育改革发展取得了巨大成就，中高等职业教育快速发展，职业院校基础能力显著提高，产教结合、校企合作不断深入，行业企业参与不断加强，中高职衔接呈现良好势头，建成了世界上规模最大的职业教育体系，基本具备了大规模培养高素质劳动者的能力。目前，全国共有 1.25 万所职业学校，年招生总规模近 950 万人，在校生 2700 多万人，非学历教育注册学生 5287 万人。

但是，必须清醒地看到，我国职业教育仍然存在着社会吸引力不强、发展理念相对落后、行业企业参与不足、人才培养模式相对陈旧、基础能力相对薄弱、层次结构不合理、基本制度不健全、国际化程度不高等诸多问题，集中体现在职业教育体系不适应加快转变经济发展方式的要求上，职业教育仍是教育领域的一块短板，现代职业教育制度亟待完善。

人力资源是经济社会发展的第一要素，经济社会越发展，越需要高质量的职业教育。在全面建成小康社会、实现党确定的第一个百年奋斗目标的决胜阶段，加快发展现代职业教育比以往任何时刻都更重要，构建现代职业教育体系也面临着新的形势和更高的要求。

三、构建现代职业教育体系是一项系统工程

发展现代职业教育，涉及理念转变、制度创新、体系构建、政策配套等方方面面，是一项系统工程。为此，《改革方案》提出了一系列改革措施。

一是重申办学方向。职业教育必须坚持面向市场、服务发展、促进就业的办学方向，把职业教育放在促进经济转型升级和促进充分就业的战略格局中去谋篇布局，主动对接和服务于动能转换、产业升级、创新创业等需要，以纠正一些地方和学校一度偏离就业导向、过度热衷职业学校升格的倾向，一些用人单位一味以学历为门槛歧视职业学校毕业生的行为。

教育体系基本框架示意图*

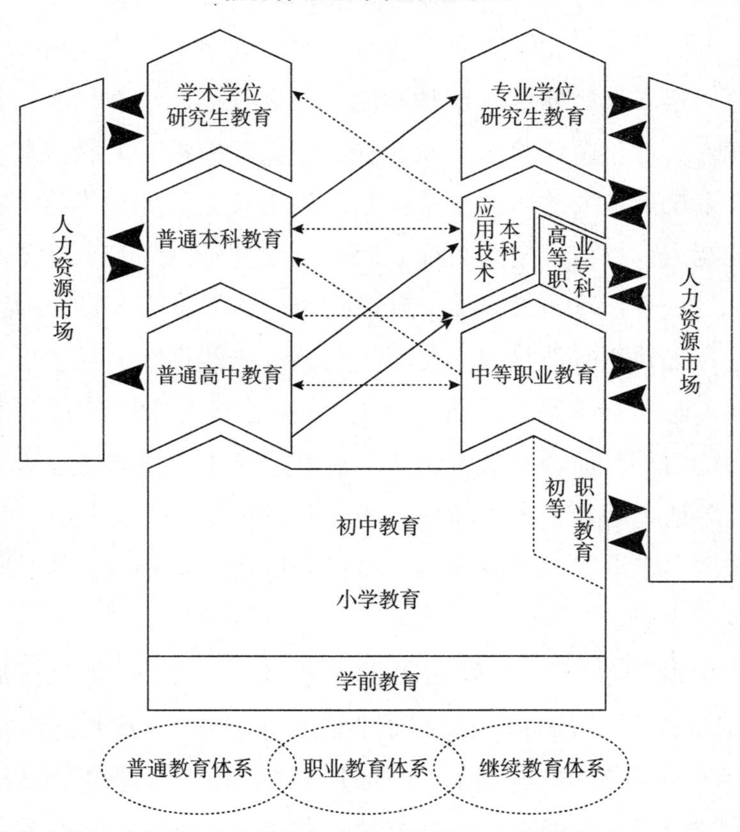

* 资料来源于《现代职业教育体系建设规划（2014—2020 年）》

二是优化职业教育结构。要加强职业教育、继续教育、普通教育的有机衔接，形成定位清晰、科学合理的职业教育层次结构，解决普通高等教育扩招挤压职业院校生源问题，改变职业教育仍是教育领域的短板局面。

三是坚持产教融合，创新职业教育模式。重点深化教育链和产业链的有机融合，以服务《中国制造 2025》为核心，实施好《制造业人才发展规划指南》，创新各层次各类型职业教育模式，提升面向先进制造业、现代服务业、战略性新兴产业等领域的技能人才培养能力。

四是坚持工学结合、知行合一，改革教学方式。紧跟产业变革和市场需求优化专业设置、健全教学标准、更新课程内容，专业设置与产业需求对接，课程内容与职业标准对接，教学过程与生产过程对接，增加“双师型”教师总量，实行现代学徒制，提高职业教育质量。

五是健全企业参与制度。通过制定校企合作促进办法，健全企业参与校企合作的成本补偿等政策，引导社会各界积极支持和参与职业教育。探索行业企业办学、集团化办学、行业与学校对话协作等灵活多样的职业教育办学模式，解决职业院校基础能力仍然薄弱的问题。

经济和社会重点领域与技术技能人才培养（教育部）[*]

现代农业	加强农业职业教育，培养适应农业产业化和科技进步的新型职业农民。加强适应现代农业生产方式的技术人才、流通人才、经营和管理人才培养，支持农业结构战略性调整。
制造业	加快培养适应工业转型升级需要的技术技能人才，使劳动者素质的提升与制造技术、生产工艺和流程的现代化保持同步，实现产业核心技术技能的传承、积累和创新发展，促进制造业由大变强。

续表

服务业	面向金融服务、现代物流、商务服务、社会工作服务和高技术服务领域，培养具备高尚职业道德、较高人文素养、通晓国际标准和高超技术技能的专门人才，通过人才专业化提升服务业的竞争力。适应老龄服务事业和产业发展需要，加快相关人才培养。
战略性新兴产业	坚持自主创新带动与技术技能人才支撑并重的人才发展战略，加强战略性新兴产业相关专业建设，培养、储备应用先进技术、使用先进装备和具有工艺创新能力的高层次技术技能人才。
能源产业	适应现代能源产业体系建设需要，加强新能源、可再生能源相关专业建设，加快节能环保、污染物防治与安全处置、资源回收与循环利用等相关产业技术技能人才培养。
交通运输	服务综合交通运输体系建设，改造提升交通运输相关专业，优化人才培养结构，加快轨道交通、民航、公共交通等急需的技术技能人才培养，提高从业人员素质。
海洋产业	加强海洋类职业院校和专业建设，加快海洋油气业、海洋渔业、海洋船舶业等海洋传统产业，海洋交通运输业、海洋旅游业等海洋服务业，以及海洋装备制造业等海洋新兴产业急需的技术技能人才培养，为发展壮大海洋经济和增强海洋开发利用能力提供人才支撑。
社会建设与社会管理	支持职业院校围绕城乡发展、社会管理、社区服务、基层文化建设，培养基层管理和公共服务人才。
文化产业	适应文化产业的发展需要，加强文化创意、影视制作、出版发行等重点文化产业技术技能人才的培养。依托职业教育体系保护、传承和创新民族传统工艺与非物质文化遗产，培养各民族文艺人才。

* 资料来源于《现代职业教育体系建设规划（2014—2020 年）》

技工教育高端引领计划（人力资源和社会保障部）*

1. “双一流”建设行动。重点建设100所国家级示范性技师学院，200所国家级重点技师学院和高级技工学校，打造一流技工院校。支持每所技师学院建设3—5个、每所高级技工学校建设2—3个一流专业。

2. 世界技能大赛引领行动。主要依托优质技工院校建设世界技能大赛集训基地，促进技工教育与世界先进标准对接。

3. 新技师培养行动。支持技工院校承担技师培训项目，探索不同的技师培养路径。支持符合条件的技师学院开展学制教育培养技师试点，到2020年，力争每所国家级示范性技师学院有1—3个专业开展技师学制教育。

* 资料来源于《技工教育“十三五”规划》

第三节　改革职业技能培训制度

“技能是全球通用货币”。职业技能培训通常是按照国家职业分类和职业技能标准进行的规范性培训，目的是提高其就业能力、操作能力、创新能力、职业转换能力和职业素养。职业技能培训主要包括上岗就业技能培训、转岗就业技能培训（再就业培训）、学徒制培训、岗位技能提升培训、创业能力培训和职业生涯终身培训。

改革职业技能培训制度，加强职业技能培训工作，是构建产业工人技能形成体系的关键环节。宏观上说，加强职业技能培训是解决就业总量矛盾和结构性矛盾，扩大就业规模、提高就业质量的重要措施；是促进产业结构调整，加快经济发展方式转变，实施制造强国战略、创新驱动发展战略的必然要求。微观上说，加强职业技能培训是产业工人提高技能水平、就业创业能力和职业生涯发展能力的主要途径，是企业提高自主创新能力和核心竞争力的必由之路。

一、党中央、国务院始终高度重视职业培训

改革开放以来，党中央、国务院始终高度重视职业培训工作。

1978 年 12 月召开的全国技工培训工作会议，提出“整顿、充实、提高”现有技工学校，有计划地发展新的技工学校，开展在职职工技术培训。1981 年，党中央、国务院制定的《关于加强职工教育工作的决定》指出，“今后要在经济上实行进一步的调整，加强职工教育是实现调整措施的重要内容之一，一定要结合调整的逐步进行，有计划地实行全员培训，建立比较正规的职工教育制度”。2006 年，党中央、国务院出台《关于进一步加强高技能人才工作的意见》，鼓励企业推行企业培训师制度和名师带徒制度，建立技师研修制度。2010 年 10 月，国务院颁布实施《关于加强职业培训促进就业的意见》，详细部署开展职业培训与公共就业服务的政策措施。

以习近平同志为核心的党中央站在全局的高度，围绕实施科教兴国、人才强国、制造强国、创新驱动发展战略，把加强技能人才队伍建设作为一项战略任务，高度重视、扎实推进。2013 年 4 月 28 日，习近平总书记在与全国劳模代表座谈时强调：“工业强国都是技师技工的大国，我们要有很强的技术工人队伍。”2014 年 5 月 22 日，习近平总书记在上海听取来华外国高层次专家发言时指出，“作为一个制造业大国，我们的人才基础应该是技工”。党的十八届三中全会通过《中共中央关于全面深化改革若干重大问题的决定》，明确提出“构建劳动者终身职业培训体系”，建立健全覆盖城乡全体劳动者，贯穿劳动者从学习到工作的各个阶段，适应劳动者多样化、差异化需求的职业培训体系。

创业培训计划*

1. 健全培训制度。建立培训对象甄选制度，完善创业意愿识别和能力短板诊断机制。建立健全培训绩效考评制度，对创业培训工作成效实施第三方评估。

2. 创新培训模式。开发针对不同创业群体、不同阶段创业活动的创业培训项目。积极探索创业培训与技能培训、区域产业相结合的培训模式。试点推广“慕课”等“互联网 +”创业培训新模式，大规模开展开放式在线培训。

续表

加强远程公益创业培训。研究探索通过“创业券”“创新券”等方式提供创业培训服务。深入实施高校毕业生就业创业促进计划和技能就业专项行动，鼓励高等院校、职业院校学生在校期间开展创业竞赛、技能竞赛、创业实训等“试创业”实践活动和电子商务培训活动，并按规定将其纳入创业培训政策支持范围。 3. 加强课程开发。以创业活动不同阶段、不同业态的知识技能需求为导向，构建多层次、模块化的创业培训课程体系。鼓励有条件的地区以政府和社会资本合作（PPP）模式组织开发新领域、新业态的创业培训课程并实施创业培训。加强创业培训师资队伍建设，吸纳社会专业人士加入创业培训专家队伍。 4. 规范机构发展。建立健全政府购买服务机制，鼓励和引导各类优质教育培训资源投入创业培训。

* 资料来源于《“十三五”促进就业规划》

二、职业培训发展成效和存在的主要问题

目前，我国已基本建立了主要由职业学校（含技工院校）、就业训练中心、公共实训基地、企业岗位技能培训、社会培训机构等构成的职业技能培训体系，基本具备了大规模培训产业工人的能力，全国享受政府补贴性职业培训近年来年均近 2000 万人次。在全社会努力下，技术工人队伍规模日益壮大。截至 2015 年年底，全国技术工人（技能劳动者）达 1.65 亿人，比 2004 年提高了 89%。

但是，职业培训工作还存在许多问题。从体制机制看，技术工人培养投入总体不足，培养培训机构能力建设滞后，企业还没有承担起职业培训的主体责任；从社会氛围看，重学历、轻技能的观念还没有从根本上得到扭转，企业职工和青年学生学习技能的愿望明显偏低。

三、职业培训面临的新形势新要求

改革开放以来，我国在已有工业基础之上，利用丰富的劳动力资源发展制造业，成为“世界工厂”。我国制造业占全球份额已经超过 20%，在 2014 年超越美国成为世界第一制造大国。但“中国制造”始终处于产业链中低端，自主创新能力不强，产品附加值不高，绝大

部分产业的国际竞争力偏弱。随着我国资源环境约束的加强和“刘易斯拐点”的到来（劳动年龄人口占总人口的比例呈现转折性下降趋势），廉价劳动力优势正在逐渐丧失，如何再造制造业的竞争优势成为一个重大的战略问题。

而国际金融危机之后，西方工业大国纷纷实施“再工业化”或“制造业回归”战略，以保持在高端制造业领域的优势地位，把技术工人培养作为重振制造业、助推新兴产业发展的重要手段，提升到国家战略层面。美国率先利用社区学院在制造业领域对200万技术工人开展技能培训，以支撑“美国制造”战略。加拿大制定《就业增长和长期繁荣》的预算案，计划为每位受训者提供1.5万加元的资金，解决劳动力短缺、劳动力所具备技能与企业需求不匹配的问题。英国实施“国家技能战略”，提出要通过加强培训使英国具有世界级的技能水平。澳大利亚发布了“未来劳动力开发战略”，提出满足劳动者的技能需求，从整体上提高劳动生产率水平。

面对我国经济发展进入新常态，全球新一轮科技革命和产业变革正在孕育兴起的新形势，以习近平同志为核心的党中央果断决策，实施创新驱动发展战略和制造强国战略。因此，必须从全局和战略的高度，充分认识改革职业技能培训制度的重要性和迫切性，通过大规模开展面向产业工人的职业培训，加快培养一支数量充足、素质优良、结构合理、技艺精湛的技术工人队伍，为实施创新驱动发展战略、制造强国战略提供技能支撑和人才保障。

四、职业技能培训制度的改革重点

一是推进职业技能培训市场化、社会化、多元化改革。统筹发挥好政府和市场的作用，建立各类培训主体平等竞争、产业工人自主参加、政府购买服务的技能培训机制，充分利用高等职业院校和高级技工学校、技师学院的培训基地，大力发展民办职业教育和培训，充分发挥各类社会团体的作用。

二是强化和落实企业培养产业工人的主体责任。引导企业结合生产经营和技术创新需要，制定本单位技术工人培养规划和培训制度，广泛开展技能竞赛、岗位练兵、师徒帮教活动，调动广大产业工人学技术、比技能、练本领的积极性。

三是加强技能培训基础能力建设。依托企业、职业院校和技工院校建立现代化产业人才培养培训基地（中心），形成以企业为主体、职业院校为基础、学校教育与企业培养紧密联系、政府推动与社会支持相互结合的职业技能培训体系，改进技能提升培训方式，提高培训层次和培训质量。

四是推行国家基本职业培训包制度，构建助力产业工人学习的公共服务机制。

第四节　统筹发展职业学校教育和职业培训

《改革方案》提出，“统筹发展职业学校教育和职业培训”，是构建产业工人技能形成体系的必然要求。这是总结改革开放以来职业教育和职业培训的实践经验，针对两大领域存在的突出问题，坚持问题导向制定的重大改革举措。它旨在改革完善技能形成的体制机制，推进现代职业教育体系和劳动者终身职业培训体系建设，实现技能形成体系的统筹规划、科学分工、开放融合、协同发展，提高技能供给效能，全面提高产业工人队伍技能素质。

一、职业教育和职业培训存在的问题及原因分析

近年来，我国职业学校教育和职业培训事业都取得了快速发展，为提高劳动者素质、推动经济社会发展和促进就业作出了重要贡献。但也要看到，职业教育和职业培训两大体系都还不能充分满足加快转方式、调结构、促升级的技能需求。其中一个重要原因是，有关部门职能转变不够，管理体制不顺畅，存在部门职责既交叉又分散，政策既脱节又重叠，协调机制不力，主管教育的又管培训、主管培训的又办教育，学历与非学历教育不能互通、学历证书与职业资格证书互相不认等因素，导致企业主体责任调动不够、社会资源整合不够，全社会技能供给效能整体不高。

产生这些问题在于对职业教育与职业培训的概念理解存在分歧，

认识还不统一。有的认为，职业教育包含了职业培训，要一管到底；有的认为，职业教育特指职业学校教育，两者应该平行并举。在运行中，建设现代职业教育体系与构建终身培训体系，发展继续教育、终生学习与终身培训，推进新型学徒制与推行现代学徒制，发展职业教育与发展技工教育等，依然存在新概念多、近似度高和事权边界模糊不清、管理职责交叉等问题。这些都充分表明，技能形成体系还存在一定体制机制障碍。

二、职业教育和职业培训应该平行并举协同发展

1996 年 9 月 1 日起施行的《中华人民共和国职业教育法》规定："国务院教育行政部门负责职业教育工作的统筹规划、综合协调、宏观管理。国务院教育行政部门、劳动行政部门和其他有关部门在国务院规定的职责范围内，分别负责有关的职业教育工作"；"建立、健全职业学校教育与职业培训并举，并与其他教育相互沟通、协调发展的职业教育体系"。从现实来看，对相关表述的理解和实施存在差异，问题焦点在于"职业教育"是"职业学校教育"的简称，还是"职业教育体系"的简称；"职业教育工作"与"职业培训工作"是一项工作，还是都属于"职业教育工作"范畴。对此，需要从大局出发，以产业工人发展为本，正确理解相关表述、达成共识，厘清概念、分清职责。

在《改革方案》里，"职业教育"和"职业培训"是两个独立概念。"职业教育"是"职业学校教育"或"职业技能教育"的简称，专指学校方式提供的职业教育，主要教育对象是学生。"职业培训"是"职业技能培训"的简称，是各主体各层次各类型技能培训的总称，培训对象是就业后的劳动者。职业院校可以从事职业培训，甚至依托现有资源优势可以发展成为职业技能培训的主要供给者，不论是否属于学历教育、是否进行实训，依然是学校教育范畴，培训对象只要进了学校大门，其身份就是学生，进了工厂大门，其身份才是工人。产业工人技能形成体系是一体化的，需要职业教育和职业培训平行并举、开放融合、协同发展。两者可以"校门"或"厂门"为边

界，有关部门各管一边、统筹发展，形成技能有效供给的强大合力。

三、职业学校教育和职业培训统筹发展要点

上学和就业是劳动者人生中必经的两个阶段，是技能形成的两道工序。个人操作技能的习得与更新，是学校学习训练与工作岗位实践积累两方面共同作用的结果。一般而言，职业学校教育主要提供的是通用技能或者可转移技能，特殊技能或者不可转移技能大多从岗位实践和技能提升培训获得。职业院校不再是获取知识技能的唯一场所，职前学习也不再是技能培养的唯一模式。联合国教科文组织有一些专家做了大致分析和统计，人一生所获得的知识和技能，其中有80%是在离开学校教育以后，是在他的生活生产实践中掌握和积累的。《改革方案》根据技能形成的一般规律和国际惯例准确定义概念，界定边界、厘清责任、明确分工，提出统筹发展的主体思路，促进学历与非学历教育纵向衔接连通、横向互通互认，探索建立个人学习账号和学分积累与转换制度，搭建产业工人教育培训“立交桥”。

现代工业化进程表明，工具和生产方式不断革新，工作领域快速变化，产业结构调整等带来就业不稳定性，职业学校大多难以应对生产操作技能快速更新的形势，决定了一次职业学校教育无法满足一个人终身就业所需的知识与技能。由于职业学校无法提供真实的工作要素及岗位操作过程，因此培养合格技术工人显然不能单靠职业学校教育，企业进行的岗位技能培训对于技术工人的技能形成至关重要。德国的二元制技能培养模式和企业设立学徒培训车间的要义也在于此。《改革方案》由此提出，培养造就优秀技术工人，也就必须“将终身学习贯穿产业工人职业生涯全过程”。内涵是指建立健全覆盖城乡全体劳动者，贯穿劳动者从学习到工作的各个阶段，适应劳动者多样化、差异化需求的终身职业培训体系。

《改革方案》提出，要“统筹规范现代学徒制和企业新型学徒制，推行学徒制培训”。现代学徒制和企业新型学徒制都是在生产实践中培养高素质产业工人的重要途径，应做好两者的沟通和衔接。职业教育不同于普通教育，必须坚持以职业能力为标准，突出技能训练和动

手能力培养。一方面，在职业学校教育中，要坚持校企合作、工学结合，强化教学、学习、实训相融合的教育教学活动。推行项目教学、案例教学、工作过程导向教学等教学模式。加大实习实训在教学中的比重，创新顶岗实习形式，强化以育人为目标的实习实训考核评价。健全学生实习和学徒培养劳动保障制度。积极推进学历证书和职业资格证书“双证书”制度。另一方面，在企业推行以“招工即招生、入企即入校、企校双师联合培养”为主要内容的企业新型学徒制，进一步发挥企业的培训主体作用，通过校企合作等方式，组织有培训需求的企业技能岗位新招用人员和新转岗人员参加新型学徒培训，探索企业职工培训新模式，完善政策措施和培训服务体系，加快企业后备技能人才的培养。鼓励名师带高徒，企业应选派优秀的技能人才担任师傅，与学徒签订培训协议，明确培养目标、培训内容与期限、考核办法、学徒工资和师徒津贴等内容。

《改革方案》提出，要“建立覆盖广泛、形式多样、运作规范，行业、企业、院校、社会力量共同参与的职业教育培训体系”。产业工人技能形成不能仅仅依赖政府提供的职业学校教育，企业应当承担职业技能培训的主体责任，坚持完善企业职工全员培训制度，采取自办培训机构或与职业院校联合办学等方式，根据不同水平、不同年龄、不同性别产业工人多种多样的需求，开展订单式培训、定岗培训、定向培训，大力培养高技能人才，打造更多“大国工匠”。

第五节　改进产业工人技能评价方式

技能评价方式和资格认证制度是技能形成体系的核心，包括职业技能等级设置、评价方式、资格认证、薪酬体系和集体协商等技能使用制度等。这些制度影响工人自我学习提高技能的意愿、企业投资技能培训的积极性，甚至影响整个技能形成体系的效能。长期以来，我国产业工人的技能水平主要依靠职业资格鉴定制度来评价。职业技能鉴定是通过政府认可的技能鉴定机构，依据国家的职业标准，对劳动者职业技能水平进行认证，颁发相应国家职业资格证书，其目的在于提高职工队伍素质，促进职工安全和劳动保护工作，提高企业管理水平和劳动效率，促进经济发展。实施职业资格证书制度以来，全国累计2亿人次参加职业技能鉴定，共有1.6亿人次取得职业资格证书。2016年，全国结业考试或鉴定合格总量为1370万人次，全年开展职业技能鉴定1755万人次，1446万人次取得职业资格证书。

一、我国职业技能鉴定制度的历史沿革

我国职业技能鉴定工作已有很长的历史。工人技术等级标准始建于20世纪50年代初期，按不同行业和工种实行以八级制为主的多级考核。这就是人们至今还很怀念的八级工制度。考工升级制度的实行，对促进工人学习钻研技术和调动工人的生产劳动积极性，起到了积极作用。

党的十一届三中全会以后，全党工作重点转移到经济建设，提高劳动者素质成为一项战略任务。1979年，国家经委与国家劳动总局联合发出《关于进一步搞好技工培训工作的通知》，组织有关部门研究修订技术等级标准。1983年出台《工人技术考核暂行条例》，恢复了考工升级制度。

为了提高工人的社会地位，保障和促进高级生产技术人才的培养，1987年国务院颁布《关于实行技师聘任制的暂行规定》，劳动部于1990年印发《关于高级技师评聘的实施意见》，国务院1990年颁布《工人考核条例》，为劳动者拓宽了通过培训、考核而成才的渠道。同期修订国家工人技术等级标准，制定国家职业技能标准，八级制改为三级制，使之成为既与工资相联系又相对独立的标准体系。

随着社会主义市场经济体制的建立，根据培育劳动力市场的需要，1993年7月，劳动部颁发《职业技能鉴定规定》。1993年10月，《中共中央关于建立社会主义市场经济体制若干问题的决定》明确指出，在我国实行学历文凭和职业资格两种证书制度。

我国职业技能鉴定制度沿革所经历的这4个阶段，由行政的政策、规定、法规，发展到国家《劳动法》的法律规定；考核鉴定的目的由单纯的强化企业内部劳动工资管理，发展到客观评价劳动者技能水

平，为适应劳动力市场发展、劳动者择业和单位用人提供社会服务；考核的标准由依据工资等级对应的八级技术等级标准，发展成为一个独立的标准体系；考核的对象范围由企业学徒、工人扩展为全社会劳动者；考核管理体系，由企业内部组织管理发展到政府指导下的社会化管理体制。由此，我国建立起了职业资格证书制度的法律法规和工作体系。

二、我国职业技能鉴定制度存在的问题

随着经济社会的发展变化，我国企业所有制成分呈现多样化，外资企业、合资企业、民营企业等非公有制企业逐渐成长为市场的主体，职工就业方式也发生变化，各类企业对职业资格证书的认识和要求大不一样，我国职业技能鉴定也出现了一些不适应形势发展的问题。

鉴定主体单一。当前我国职业技能鉴定的主体还是以政府为主，社会组织参与职业技能鉴定的深度和广度不足，作用未充分发挥，导致职业技能鉴定与企业需求脱节等问题。个别行业协会参与职业技能鉴定的部分工作，在职业标准研发上起到了一定咨询支持作用，但大部分协会的职业资格未纳入国家职业资格规划中，距离政府职业技能鉴定职能向行业协会等社会组织转移的目标要求有一定差距。

部分垄断行业存在职业资格证书壁垒。国家批准的行业职业技能鉴定，其职业标准题库开发和鉴定实施有一定的自主性，对推进企业的职工培训、促进职工职业技能水平和收入待遇的提高产生了积极作用。但他们大部分属于原政府部门或者改制的行业协会和国有大型企业，具有一定垄断性，运行机制存在公平性问题。

职业标准开发滞后。一是滞后于经济发展。国家组织的标准制定，受政府预算支出限制、政府工作机构、人员规模和现行制定流程限制，开发过程和标准题库的更新周期较长，跟不上新设备、新技术的使用要求。二是职业标准开发忽视地区性差异。由于职业标准的调查范围是全国范围，而我国地域广阔，各省区市的经济发展存在不均衡，其发展的重心和特点更是有着显著的差异。在某些职业标准的制

定上，有的不能满足使用先进机器设备和先进工艺流程地区的要求，而对有些地区和产业则稍显过高。

三、改进产业工人技能评价方式

《改革方案》明确提出了优化职业技能等级标准、完善职业技能等级认定政策、健全职业技能多元化评价方式、做好职业资格制度与职业技能等级制度的衔接、加强面向非公有制企业和小微企业的职业技能鉴定等一系列改革举措，具有现实针对性。

《改革方案》要求，“在政府指导下，由行业协会、龙头企业牵头开发职业标准和评价规范，完善职业技能等级认定政策”。这是充分考虑到了行业协会主要成员和行业龙头企业来自于行业，对整个行业的技术技能需求了解深入，由他们牵头开发职业标准和评价规范，一方面更加符合实际，另一方面由于标准的开发关系行业发展前景和产业工人自身成长，有利于降低鉴定垄断造成的寻租风险。

《改革方案》借鉴产业工人技能评价的国际经验提出，“引导和支持企业、行业组织和社会组织自主开展技能评价”，倡导构建社会化职业技能鉴定、企业技能人才评价和院校职业资格认证相结合的技能人才多元评价机制，这对于发挥各鉴定主体的作用，从而科学准确评价产业工人技术技能等级具有重要意义。

《改革方案》突出强调，“做好职业资格制度与职业技能等级制度的衔接。加大对技术工人创新能力、现场解决问题能力和业绩贡献的评价比重”。这是破除束缚技术工人成长的体制机制障碍的重要举措。强调增加能力和业绩贡献的评价比重，充分体现了“结合使用和培训考核，联系待遇和业绩贡献”原则，旨在引导广大产业工人学技术、练技能、比贡献，通过能力和业绩提高自身待遇。

《改革方案》着重强调对非公有制企业、小微企业的职业技能鉴定和对技能鉴定机构的监管。一方面，充分考虑了当前我国非公有制企业、小微企业蓬勃发展及对技能需求强烈的现实，另一方面，通过提高监管制度设计避免技能鉴定腐败问题，公平保障技术工人发展权益。

第六节 打造更多高技能人才

“贤才国之宝也”，国以才立、业以才兴。高技能人才也称优秀技术工人，是指熟练掌握专门知识和技术，具备精湛的操作技能和较强的创新能力，在一线岗位实践中能够解决关键技术和工艺的操作性难题的技术工人，主要包括取得高级技工、技师和高级技师职业资格及相应技能水平的技术工人。高技能人才是我国人才队伍的重要组成部分，是技术工人队伍的核心骨干，是产业工人大军的优秀代表。推进制造强国战略、振兴实体经济、实施《中国制造2025》，都离不开更多高技能人才。

制造业十大重点领域人才需求预测[*]

（单位：万人）

序号	十大重点领域	2015年	2020年		2025年	
		人才总量	人才总量预测	人才缺口预测	人才总量预测	人才缺口预测
1	新一代信息技术产业	1050	1800	750	2000	950
2	高档数控机床和机器人	450	750	300	900	450
3	航空航天装备	49.1	68.9	19.8	96.6	47.5
4	海洋工程装备及高技术船舶	102.2	118.6	16.4	128.8	26.6
5	先进轨道交通装备	32.4	38.4	6	43	10.6
6	节能与新能源汽车	17	85	68	120	103
7	电力装备	822	1233	411	1731	909
8	农机装备	28.3	45.2	16.9	72.3	44
9	新材料	600	900	300	1000	400
10	生物医药及高性能医疗器械	55	80	25	100	45

* 数据来源于《制造业人才发展规划指南》

一、打造更多高技能人才是经济社会发展的需要

新中国成立以来，特别是改革开放以来，我国经济和社会发展取得的辉煌成就，不仅凝结着广大科技专家的智慧和心血，也饱含着千百万高技能人才的汗水和辛劳。高技能人才在加快转变经济发展方式、促进产业结构优化升级、提高企业竞争力、推动技术创新和科技成果转化等方面具有重要的不可替代的作用。伴随着科技进步与生产中高新科技含量的增加，经济发展对高技能人才的需求日益增长。当今世界综合实力的较量，决胜关键在于科技的竞争、人才的竞争。当前，我国正处于全面建成小康社会的关键时期，建设一支掌握先进技术、先进工艺和操作技能，与科技和管理人才队伍相适应的高技能人才队伍，关系到我国核心竞争力和综合国力的不断增强，关系到我国产业工人队伍乃至工人阶级整体素质的稳步提升，关系到工人阶级在新的历史条件下巩固和发展自身的先进性。

二、打造更多高技能人才是实施制造强国战略的需要

高技能人才是技术技能的重要传承者、产业转型升级的重要推动者、制造强国战略和创新驱动发展战略的重要实践者。2014 年 8 月 18 日，习近平总书记在主持召开中央财经领导小组第七次会议时指出，“人才是创新的根基，是创新的核心要素。创新驱动实质上是人才驱动”，“强化激励，大力集聚创新人才”，“要重视发挥技术工人队伍作用，让他们参与工艺改进和产品设计，使他们的创新才智充分涌流”。党的十八届五中全会通过的《中共中央关于制定国民经济和社会发展第十三个五年规划的建议》提出，“推动人才结构战略性调整，突出‘高精尖缺’导向，实施重大人才工程，着力发现、培养、集聚战略科学家、科技领军人才、企业家人才、高技能人才队伍”，“推行终身职业技能培训制度”。

改革开放以来，我国制造业从小到大、不断拓展发展空间，使我国成为世界重要的制造业基地。但是不能否认，我国还只是制造业大国，不是制造业强国，在全球制造业的生产链上，我国只是处于低端，整个

制造业的核心技术、工艺水平、质量水平与西方工业制造强国还有不小差距，这与我国技术工人队伍数量规模、技能结构有着密切关系。据人社部门统计，我国高技能人才占就业人员的比重还不足6%，在世界制造业强国，高技能人才的数量占到技术工人总数的40%以上。我国制造业中，技术工人只占全部工人的1/3左右，近年来高级技工的求人倍率甚至达到2以上。在制造加工、材料、能源、环保等传统产业和电子信息、航空航天等高新技术产业以及现代服务业领域，掌握“高、精、尖”技术的高技能人才数量更少，高技能人才缺口达1000万人。高技能人才的总量和结构问题，根源还在体制机制障碍，必须进行一系列改革。

三、充分发挥企业在培养高技能人才中的主体作用

近年来，党中央、国务院着力构筑起培养高技能人才队伍的基本政策框架，先后出台了《国家中长期人才发展规划纲要（2010—2020年）》《高技能人才队伍建设中长期规划（2010—2020年）》《国家高技能人才振兴计划实施方案》《关于加强企业技能人才队伍建设的意见》等，人力资源和社会保障部、财政部启动了国家高技能人才振兴计划，实施技师培训项目、高技能人才培训基地建设项目和技能大师工作室建设项目等重大项目，旨在逐步解决高技能人才培养投入总体不足、培养培训机构能力建设滞后等问题。

《改革方案》重申“实施国家高技能人才振兴计划”，国家高技能人才振兴计划以技师、高级技师培训为重点，以提升职业素质和职业技能为核心，旨在培养和造就一批具有精湛技艺、高超技能和较强创新能力的高技能领军人才，引领、带动高技能人才队伍建设和发展。《改革方案》重申实施这一计划，目的是把实施国家高技能人才振兴计划纳入构建产业工人技能形成体系，作为适应加快转变经济发展方式、推动产业结构优化升级、提高企业竞争力、加强高技能人才队伍建设的重要举措，加大改革力度，扎实有效推进。

《改革方案》提出“创新协同培育模式，依托大型骨干企业建设示范性高技能人才培训基地，孵化拔尖技能人才，培育更多‘大国工匠’”的

举措，明确了企业特别是大型骨干企业要在培养更多高技能人才方面发挥更大作用。一直以来，企业在高技能人才培养方面作用发挥不够突出。企业是高技能人才的使用者，什么样的高技能人才最符合企业需求，企业最有发言权，让企业参与到高技能人才培养的事业中来，既有利于培养出适合企业一线需要的高技能人才，也有利于高技能人才在企业生产中加强实践锻炼，体现真才实干。

企业在培养高技能人才上发挥作用，思想认识必须跟上。要树立科学的用人观和效益观，不能认为只有接受过高等教育的专业技术人员和管理人员才是人才，高技能人才同样是重要的人才资源。事实已经表明，在自动化技术和信息技术不断得到普及和推广的今天，企业劳动生产率的进一步提高，越来越多地依靠在生产过程中接受过高水平培训的技术工人团队。

企业在培养高技能人才上发挥作用，要舍得投入。企业是高技能人才发挥作用的最大受益者，理应对培养高技能人才保持必要的投入。除了增加对高技能人才培养的直接投入，《改革方案》还提出，“加快高技能人才专业市场建设，搭建高技能人才交流平台”，“鼓励企业设立高技能人才特聘岗位，对引进的高技能人才给予原单位必要的培养补偿费用”。“加快高技能人才专业市场建设，搭建高技能人才交流平台”，主要针对的是当前我国高技能人才专业市场建设发展不足、高技能人才受重视程度不够导致的高技能人才流动不畅、价值体现不充分等问题。“鼓励企业设立高技能人才特聘岗位，对引进的高技能人才给予原单位必要的培养补偿费用”，旨在导入补偿机制，保护企业花钱培养高技能人才的积极性，避免发生“集体行动困境”，对于鼓励产业工人自主学习，不断提高技术技能具有重要作用，也有利于企业的长远发展。

第七节　促进农民工融入城市、稳定就业

农民工是指户籍仍在农村，进入城市务工和在当地或异地从事非农产业劳动 6 个月及以上的劳动者，也称农村转移就业劳动者。

2016年，全国农民工总量2.82亿人，比2015年增加424万人，增长1.5%。农民工月均收入水平3275元，比上年增长6.6%。

农民工是我国改革开放和工业化、城镇化进程中涌现的一支新型劳动大军，已成为产业工人的主要来源，是产业工人队伍的重要组成部分，为我国经济社会发展作出了重大贡献。多年的实践证明，农民工进城务工、经商，稳定就业是逐步融入城市的立足之本。而深入实施农民工学历与能力提升行动计划、农民工职业技能提升计划，帮助农民工增加受教育培训机会、提高专业技能和胜任岗位能力，是农民工实现稳定就业的前提条件。因此，要把农民工作为重点人群，纳入产业工人技能形成体系之中，通盘筹划、重点推进。

一、农民工学历与能力提升行动计划——“求学圆梦行动”

2016年3月，教育部、全国总工会联合发布农民工学历与能力提升行动计划——“求学圆梦行动”，提出到2020年，在有学历提升需求且符合入学条件的农民工中，资助150万名农民工接受学历继续教育，使每位农民工都能得到相应的技术技能培训，能够通过学习免费开放课程，提升自身素质与从业能力。

截至2014年，全国高中及以上学历农民工占23.8%，大专及以上学历农民工仅占7.3%，接受过技能培训的农民工占34.8%。“求学圆梦行动”将整合政、工、校、企多方资源，通过建立学历与非学历教育并重，产教融合、校企合作、工学结合的农民工继续教育新模式，提升农民工学历层次和技术技能水平。教育部、全总将每年在全国范围资助30万名农民工接受高等学历继续教育，包括本专科两个层次；重点面向建筑、制造、能源、物流、餐饮、物业、家政、养老等行业签订固定劳动合同的农民工，开展岗位技能培训；对节能减排、产能落后、产能过剩的企业，积极开展转岗培训、技能提升培训或技能储备培训；对具备较高职业技能和发展潜力，具有较强职业发展需求和自主创新、创业意愿的农民工开展创新创业培训；提升农民工综合文化素质，融入城市生活，内容包括职业生涯规划、基本权益保护、心理健康、安全生产等；利用现有资源及资源服务平台，搭建面向农民工开放优质网络学习资源的公共服务平台。

整合政府部门、工会系统、高等院校、行业协会、企事业单位等，共同加大对农民工继续教育工作的投入，鼓励在农民工集中的代表性行业和大中型企业建设“农民工继续教育学习与实训中心”；建立健全政府、工会、用人单位和学习者共同分担成本、多渠道筹措经费的投入机制，要求地方工会加大对行动计划的投入，企业按规定足额提取职工教育培训经费，安排相当比例用于农民工继续教育。各级工会要努力维护农民工的学习权益，督促企业把农民工纳入职工教育培训计划，鼓励企业将农民工参加继续教育情况与个人薪酬、岗位晋升相结合。

二、农民工职业技能提升计划——“春潮行动”

2014 年，人力资源和社会保障部启动了农民工职业技能提升计划——“春潮行动”，通过开展培训，将农村转移就业劳动者培养成符合经济社会发展需求的高素质技能劳动者。到 2020 年，力争使新进入人力资源市场的农村转移就业劳动者都有机会接受一次相应的就业技能培训，企业技能岗位的农村转移就业劳动者得到一次岗位技能提升培训或高技能人才培训，具备一定创业条件或已创业的农村转移就业劳动者有机会接受创业培训。

根据计划，每年面向农村新生劳动力和拟转移就业劳动者，开展政府补贴性就业技能培训 700 万人次，培训合格率达到 90% 以上，就业率达到 80% 以上；每年面向在岗农民工开展政府补贴性岗位技能提升培训 300 万人次，培训合格率达到 90% 以上；每年面向有创业意愿的农村转移就业劳动者开展创业培训 100 万人次，培训合格率达到 80% 以上，创业成功率达到 50% 以上。

三、农民工劳动经济权益保障和公共服务均等化

改革开放以来，我国城镇人口从 1.7 亿增加到 7.3 亿，常住人口城镇化率从 17.9% 提升到 55%，但户籍人口城镇化率仅为 36% 左右，约有 2.4 亿农民工及其随迁家属被纳入城镇常住人口的统计范畴，但

未能在教育、就业、医疗、养老、保障性住房等方面平等享受城镇基本公共服务。对此，《改革方案》提出了明确要求，“将农民工培养成为稳定就业的产业工人，公平保障其作为用人单位职工、城镇常住人口的权益，提供基本公共服务”。

首先，要保障农民工工资报酬权益。在建设领域和其他容易发生欠薪的行业推行工资保证金制度，在有条件的市县探索建立健全欠薪应急周转金制度，落实工程总承包企业对所承包工程的农民工工资支付全面负责制度、劳动保障监察执法与刑事司法联动治理恶意欠薪制度、解决欠薪问题地方政府负总责制度，落实农民工与城镇职工同工同酬原则。在经济发展基础上合理调整最低工资标准，推动农民工参与工资集体协商，促进农民工工资水平合理增长。

城乡居民增收行动*

1. 技能人才增收行动。发挥企业主体作用，提升技能人才待遇；完善技术工人薪酬激励机制。贯通职业资格、学历等认证渠道；营造崇尚技能的社会氛围，培养造就更多技术工人。

2. 新型职业农民增收行动。将培育新型职业农民纳入国家教育培训发展规划，提高职业农民增收能力，创造更多就业空间，拓展增收渠道。

3. 科研人员增收行动。保障合理的基本薪酬水平，提高就业质量；落实中央财政科研项目资金管理有关政策，发挥科研项目资金的激励引导作用。健全绩效评价和奖励机制，激励创业创新。

4. 小微创业者增收行动。深化简政放权、放管结合、优化服务改革，释放市场活力，降低市场准入门槛，健全创业成果利益分配机制，打通创业创富通道。

5. 企业经营管理人员增收行动。在国有企业建立职业经理人制度，采取多种方式探索完善中长期激励机制；为非公经济组织重点营造公平、公正、透明、稳定的法治环境，依法平等保护财产权。

6. 基层干部队伍增收行动。完善基层干部队伍薪酬制度；实现对不同地区、不同岗位的差别化激励，充分调动基层干部队伍积极性。

7. 有劳动能力的困难群体增收行动。鼓励有劳动能力的困难群体提升人力资本，主动参加生产劳动，通过自身努力增加收入。

* 资料来源于《“十三五”促进就业规划》

其次，要扩大农民工参加城镇社会保险的覆盖面。依法将与用人单位建立稳定劳动关系的农民工纳入城镇职工基本养老保险和基本医疗保险，推动农民工与城镇职工平等参加失业保险、生育保险，平等享受待遇。加强农民工安全生产和职业健康保护，实施农民工职业病防治和帮扶行动。

重点地区促进就业专项行动*

1. 东北老工业基地促进就业行动。组织实施东北地区人才就业专项行动。加大高素质技术技能人才培养和引进力度，在东北地区组织开展老工业基地产业转型技术技能人才双元培育改革试点。加强专业培训，做好高校毕业生就业和失业人员再就业工作，帮助就业困难人员实现就业，确保零就业家庭实现至少一人就业。加强对东北地区就业形势的研判和监测预警。

2. 资源枯竭城市和独立工矿区促进就业行动。支持资源枯竭城市重点发展一批接续替代产业，吸纳失业矿工、棚户区改造回迁居民再就业。开展采煤沉陷区综合治理。加大力度实施独立工矿区改造搬迁工程，支持矿区基础设施、公共服务设施和接续替代产业平台改造建设，通过矿区转型发展创造更多就业机会。

3. 产业衰退地区促进就业行动。发挥产业基础好和产业工人素质高的优势，积极承接有利于延伸产业链、提高技术水平和资源综合利用的产业。全面开展城区老工业区搬迁改造，统筹推进企业搬迁改造和新兴产业培育，提升老工业区就业吸纳能力。建设一批产业转型升级示范区和示范园区，提供宜居宜业的创业创新环境，打造承接中高端人才回流和专业人才就业的重要平台载体。

4. 国有林场和国有林区促进就业行动。推进重点国有林区深山远山职工搬迁以及国有林场撤并整合和职工搬迁，通过中央基建投资支持大小兴安岭和长白山林区接续替代产业发展，在保护好原生态和不破坏森林资源的前提下，支持发展吸纳就业能力强的种养业、林下特色产业、北药产业、生态文化旅游业、商贸服务业，加强园区基础设施建设，推动林区打造产业竞争新优势，进一步扩大就业和再就业。

5. 困难地区就业援助行动。针对因经济结构调整或重大自然灾害而形成的就业困难地区，发挥部门职能优势，动员群团组织力量，搭建政企合作平台，促进重点群体就业创业。

* 资料来源于《“十三五”促进就业规划》

再次，要畅通农民工的维权渠道，依法查处用人单位侵害农民工权益的违法行为。建立健全涉及农民工的集体劳动争议调处机制。大力加强劳动保障监察机构、劳动人事争议仲裁院和基层劳动争议调解组织建设，完善服务设施，增强维护农民工权益的能力。加强对农民工的法律援助和法律服务工作。健全基层法律援助和法律服务工作网络，加大法律援助工作力度，使符合条件的农民工及时便捷地获得法律援助。

最后，要逐步推动农民工平等享受城镇基本公共服务。深化基本公共服务供给制度改革，积极推进城镇基本公共服务由主要对本地户籍人口提供向对常住人口提供转变，努力实现城镇基本公共服务覆盖在城镇常住的农民工及其随迁家属，使其逐步平等享受市民权利。在农民工输入相对集中的城市，主要依托社区综合服务设施、劳动就业社会保障服务平台等现有资源，建立农民工综合服务平台，整合各部门公共服务资源，为农民工提供便捷、高效、优质的“一站式”综合服务。通过多方努力，使农民工逐步实现劳有所得、病有所医、老有所养、住有所居、子有所教。

结合新型城镇化开展支持农民工等人员返乡创业试点*

1. 分类实施试点。按照分类实施、有序推进的原则，以县为主体因地制宜开展培育产业集群、发展农村电商、促进转型脱困、带动扶贫增收、加快民族地区发展等返乡创业试点工作。

2. 完善返乡创业政策。落实相关税费优惠政策，支持试点地区加快出台降低门槛、财政支持、金融服务等创新性政策措施，营造良好的创业环境。支持部分试点地区开展“两权”（农村承包土地的经营权、农民住房财产权）抵押贷款试点。组织开展鼓励农民工等人员返乡创业三年行动计划，大力推进返乡农民工等人员创业培训工作。

3. 优化返乡创业环境。支持部分试点地区建设公共实训基地，提高培训能力；加强交通、物流、电信等基础设施建设，优化发展环境。支持试点地区发展农产品加工、乡村旅游、休闲农业等相关产业。

* 资料来源于《“十三五”促进就业规划》

重点人群就业促进计划*

1. 高校毕业生就业创业促进计划。适应高校毕业生就业创业新需要，将就业创业有机融合，建立涵盖学校内外各阶段、求职就业各环节、就业创业全过程的服务体系。健全未就业毕业生实名数据库，为高校毕业生提供就业信息、职业指导和就业见习等就业服务。普及创业教育，加强职业培训。加强部门之间工作衔接、信息共享，推动高校毕业生就业创业。

2. 实施高校毕业生基层服务项目。统筹实施大学生村官、农村教师特岗计划、“三支一扶”计划、志愿服务西部计划和农技特岗计划等专门项目，选拔派遣高校毕业生到基层服务。规范项目管理，加强人员培养使用，强化日常考核监督，切实发挥项目示范引领作用。

3. 促进农村劳动力转移就业。坚持统筹城乡就业，多渠道开发就业岗位，落实扶持政策，加强职业培训和就业创业服务，优化就业创业环境，加强形势分析和就业监测，促进农村富余劳动力有序外出就业、就地就近就业和返乡创业，着力稳定和扩大农民工就业规模。

4. 做好化解过剩产能职工安置工作。以钢铁、煤炭等行业为重点，实施再就业帮扶行动，对确实要离开企业的劳动者，普遍开展转岗培训或技能提升培训，免费提供就业创业服务，落实职业培训补贴等扶持政策，促进其自主创业和转岗就业。对距法定退休年龄五年以内、再就业有困难的职工，经其本人自愿选择和企业同意，可实行内部退养，由企业发放生活费并缴纳基本养老和医疗保险费单位缴纳部分，个人按规定缴费。

5. 推进就业扶贫。通过精准对接、劳务协作和政策扶持，促进有就业意愿和就业能力的未就业贫困人口和非建档立卡的农村低保对象、贫困残疾人转移就业，促进已实现就业的建档立卡贫困人口和非建档立卡的农村低保对象、贫困残疾人稳定就业。组织全国千所左右省级重点以上技工院校开展技能脱贫千校行动，实现“教育培训一人、就业创业一人、脱贫致富一户”的目标。实施职业教育东西协作行动计划，以职业教育和培训为重点，瞄准建档立卡贫困人口和非建档立卡的农村低保对象、贫困残疾人精准发力，促进就业脱贫。通过就业带动促进1000万贫困人口脱贫。

6. 实施就业援助。加大企业吸纳困难群体就业的扶持力度，规范公益性岗位开发管理，畅通进出通道。大力推进残疾人按比例就业。完善就业援助制度，实施精细化的分类帮扶和实名制动态管理，缩短长期失业者失业周期。

* 资料来源于《“十三五”促进就业规划》

第五章　运用互联网促进产业工人队伍建设

在全球新一轮科技革命和产业变革中，互联网与各领域的融合发展具有广阔前景和无限潜力，已成为不可阻挡的时代潮流，正对各国经济社会发展产生着战略性和全局性的影响。我国是制造业大国，也是互联网大国。党的十八届五中全会、“十三五”规划纲要都对实施网络强国战略、“互联网+”行动计划、大数据战略等作了部署。运用互联网推进产业工人队伍建设，推动互联网和实体经济深度融合发展，促进全要素生产率提升，对于推动创新发展、转变经济发展方式、调整经济结构具有积极作用。

第一节　创新产业工人队伍建设网络载体

随着世界多极化、经济全球化、文化多样化、社会信息化深入发展，互联网越来越成为人们学习、工作、生活的新空间，越来越成为获取公共服务的新平台。《改革方案》明确提出，要“按照国家信息化发展战略、‘互联网+’行动计划”，“创新产业工人队伍建设网络载体”。这是顺应时代发展和产业工人需求的重要举措，必将在互联网时代对产业工人队伍建设产生深远影响。

一、时代发展呼唤产业工人队伍建设走进“e时代”

从1995年8月9日一家位于加州的小公司网景（Netscape），创造了第一个重要的网页浏览器开始，PC和视窗系统带动了网景浏览器和电子邮件，促使世界各个角落的人，都能前所未有地交互交谈，世界从此抹平，全然改观。技术类杂志《连线》月刊的前总编克里斯·安德森、华盛顿特区经济趋势基金会主席杰里米·里夫金等将互联网时代称为第三次工业革命。

互联网快速发展使产业工人所处行业变化剧烈。新一代信息技术与制造业深度融合，正在引发影响深远的产业变革，形成新的生产方式、产业形态、商业模式和经济增长点。波士顿咨询公司在2016年发布的一项报告中分析认为，中国作为世界制造中心，以云计算、大数据和人工智能为代表的工业4.0新技术将成为制造业提升效能的关键。

互联网快速发展使产业工人职业细化和对跨界人才的需求增加。伴随着移动互联网融入人们生活衣食住行的各个方面，不断涌现出新需求、新体验和新业态，由此衍生了更细化、更专业的职业。例如，专门负责生鲜食品外卖的“同城闪送”，负责上门服务的家居衣橱整理“收纳师”，为新开发APP提供编写程序服务的“APP技术工程师”等。这些新职业都是依附于整体产业的互联网化而出现，不仅要求从业人员具备相关专业技能，而且要掌握网络平台运营的基础知识，这种综合素质和综合技能较强的跨界人才，在求职竞争中体现出较好的竞争优势。

互联网快速发展对产业工人技能人才需求不断上升。在全球化和信息化的进程中，我国正从处于产业链低端的“世界工厂”向高附加值产品生产过渡，对高技能人才的需求在不断上升，一些全球化程度高的IT服务、软件服务、研发服务及金融服务等企业也正吸收大量的高等教育劳动力。人工智能逐渐取代劳力工作，企业人才争夺战将愈演愈激烈。以“无人驾驶”“农用机器人”和“机器仓管员”等为代表的人工智能技术崭露头角，正逐步取代着基础的劳力工作。一些科技巨头公司，诸如谷歌、微软和百度争相开拓着各自的人工智能领域，抢占行业制高点，推出重金招聘、大量并购人工智能小公司、将人工智能团队进驻在各个部门等策略吸引人才。

二、创新产业工人队伍建设网络载体是推进《中国制造2025》的必然要求

从国际上看，德国工业4.0计划的推出引领了新一轮把互联网与产业工人建设结合的热潮。新一代互联网技术向工业渗透，是德国启动工业4.0计划的重要背景。德国企业界普遍认为，工业4.0导致了

对优秀员工标准的转变，它建立在一个开放、虚拟化的工作平台之上，重复性的熟练体力和脑力工作不断被智能机器所替代，人机交互以及机器之间的对话将会越来越普遍，员工从服务者、操作者转变为一个规划者、协调者、评估者、决策者。美国包括通用电气、AT&T、思科、英特尔和IBM在内的多家科技巨头成立了工业互联网联盟，意在为企业和高校研究人员创建互联网工业应用的标准和最佳样本提供框架支持。

《中国制造2025》是在新的国际国内环境下，中国政府立足于国际产业变革大势，作出的全面提升中国制造业发展质量和水平的重大战略部署。《中国制造2025》强调要健全完善中国制造从研发、转化、生产到管理的人才培养体系，为推动中国制造业从大国向强国转变提供人才保障。“十三五”时期，我国大力实施网络强国战略、国家大数据战略、“互联网+”行动计划，为创新产业工人队伍建设网络载体提供了坚实的支持。《“十三五”规划纲要》提出要实施国家大数据战略，发展现代互联网产业体系，实施“互联网+”行动计划，促进互联网深度广泛应用，形成网络化、智能化、服务化、协同化的产业发展新形态。《“十三五”国家战略性新兴产业发展规划》确定了8个方面发展任务，重要的一个方面就是推动信息技术产业跨越发展，拓展网络经济新空间。《国务院关于积极推进“互联网+”行动的指导意见》提出，到2025年，网络化、智能化、服务化、协同化的“互联网+”产业生态体系基本完善，“互联网+”新经济形态初步形成，“互联网+”成为经济社会创新发展的重要驱动力量。正是在这个背景下，互联网与产业工人建设相结合，不断创新网络载体，是为《中国制造2025》提供智力支撑的题中应有之义。

三、《改革方案》中创新产业工人队伍建设网络载体的亮点和重点

一是建立健全结构清晰、数据准确、动态管理的产业工人队伍基础数据库。建立产业工人队伍基础数据库，不仅仅是信息登记的问题，而且是运用大数据创新产业工人队伍建设的必经途径。信息技术

与经济社会的交汇融合引发了数据迅猛增长，数据已成为国家基础性战略资源，大数据正日益对全球生产、流通、分配、消费活动以及经济运行机制、社会生活方式和国家治理能力产生重要影响。全球范围内，运用大数据推动经济发展、完善社会治理、提升政府服务和监管能力正成为趋势。

数据信息平台是推进产业工人队伍建设的基础。建立健全结构清晰、数据准确、动态管理的产业工人队伍基础数据库，就必须制定完善互联网信息保存相关法律法规，构建互联网信息保存和信息服务体系。积极参与国家大数据资源统筹发展工程，充分利用现有政府和社会数据中心资源，运用云计算技术，及时准确掌握产业工人生产生活、技术技能和思想状况，有针对性地做好研判分析。大力推动各地区、各部门、各有关企事业单位及工会组织相关信息互联互通、数据共享，加强顶层设计和统筹规划，明确各部门数据共享的范围边界和使用方式，厘清各部门数据管理及共享的权利和义务，努力打通数据壁垒、消除信息孤岛，依托政府数据统一共享交换平台，提高“用数据说话、用数据决策、用数据管理、用数据创新”水平。

二是加强网上思想引领。近些年来，随着科技进步和互联网技术的不断创新，思想理论的传播载体和传播方式正在发生着重要变化。网络、自媒体的传播优势是更强、更快、更有感染力。可以说，谁掌握了以互联网为代表的新媒体，谁就拥有最大的话语权。因此，网络也成为意识形态话语权的主要载体。

加强对产业工人网上思想引领，就必须善用网络平台，抢占“信息制高点”，把社会主义核心价值观、社会公德、职业道德、家庭美德、个人品德等思想观念及时、形象地传播到产业工人中，让产业工人有更多真切的共鸣。积极适应新技术发展，认真研究新媒体传播规律，拥抱互联网、做强新媒体，在创新教育形式上多动脑筋，在强化引导效果上多下功夫，采取产业工人喜闻乐见的形式和载体，不断在产业工人中拓展和聚拢用户，快速传递“正面声音”，将党中央对产业工人的关心关爱、党和政府制定的重大方针政策、民生和绿色低碳发展等最有营养、最有主流价值的“思想蛋糕”送到产业工人手中。

三是举办形式多样的网上练兵活动。各级工会借助网上学习系统拓宽职工学习练兵平台，促进职工职业素养、职业技能和创新能力提升，形成许多工作品牌。近些年，“职工技能学习和岗位练兵”网上平台已率先在全国机械冶金建材工会系统以及莱芜钢铁集团有限公司、邯郸钢铁集团有限责任公司等重点企业搞起来，进入稳定运行阶段，积累了一定的经验和资源。以莱钢的网上练兵平台为例，这其实是一个在线学习、练习、考评功能的新媒体平台，包括闯关练兵、培训平台、在线考试、揭榜攻关、网上创新、试题征集等 6 个子模块，收录 40 万道试题，其中职工出题 13 万余道，系统涵盖钢铁行业 102 个主要工种，具有“学习”和“考试”两大题库，为广大职工搭建了学习成才和技能提升的崭新平台，实现了职工业余学习的“全天候”，大大满足了广大职工渴求提升实用本领的诉求，在莱钢职工中激起一股闯关竞技热。答题有积分、积分能晋级、晋级有奖励，从“学前班”“小学生”一直可以至“研究生”“博士”，所设置的 21 个虚拟学历等级，即时成绩判定，即时生成排序，这种有网络游戏特点的学习方式，吸引职工不断去“上档升级”。由于这套系统不受时间地点限制，做到了“有网就能上，随时可以学”，职工通过手机、电脑浏览登录网上学习系统，方便快捷，受到广大职工的青睐。这套网上学习系统运行一年多，累计参与答题闯关的职工达 1880 万人次，最高日上线答题闯关人数 2518 人；1. 9 万名职工在这一平台上展开竞技，先后有 2368 名职工分别取得“高中”“大学”和“研究生”等级认证。莱钢的网络学习模式，如今在山东省得到推广，山东省总工会已建立山东省职工网上学习系统，在省钢铁黄金有色行业上线运行，山东千万产业工人正逐渐步入互联网学习的全新时代。

第二节　打造网络学习平台

互联网正改变着世界，也改变着产业工人的学习模式。随着网络设施不断完善、海量数据快速产生，以及信息处理技术不断提高而诞生的信息革命，对未来人才知识的综合性结构提出了更高的要求。移动学习、双向实时互动学习、网上社区等种种学习形式的出现，丰富了产业工人学习的内容和形式。信息科技时代，未来企业将朝着通信技术、人工智能、新材料领域等高技术产品的产业群发展，劳动者不仅要成为本专业领域技能人才，而且能够顺应环境变化转换职业角色，成为掌握多种知识和技能的高素质复合型人才。

一、产业工人学习向网络拓展是大势所趋

新兴职业对产业工人互联网学习提出了新的要求。技术的不断进步，给传统职业带来了巨大冲击，也延伸出了许多新的工艺、服务和产品，这些新技术的开发及应用，必然导致部分职业的新旧更替。例如，互联网通信技术的发展，导致传统的电话接线、打字员等职业将不复存在，但电子商务、网络设计、在线教育培训等新职业纷纷涌现，提高了对从业人员的技能要求，即未来脑力劳动职业将越来越多，体力劳动职业将越来越少，新兴职业技术含量不断提高。

制造业与互联网融合对产业工人互联网学习提出了新的要求。据国务院新闻办公室就2016年工业通信业发展情况发布的信息显示，我国稳居世界第一制造大国和网络大国地位，建成全球最大4G网络。制造业与互联网融合发展迈出坚实步伐，智能制造水平明显提升，基于互联网的“双创”平台快速成长。企业数字化设计工具普及率超过61.8%，关键工艺流程数控化率达到45.4%。机器人及移动互联网、云计算、大数据等产业快速增长，工业互联网快速发展，两化融合管理体系贯标扎实推进。

二、加强集师资队伍、教育内容、传播渠道和受众群体为一体的网络公共学习平台建设

提高有效应用现代信息技术的意识和能力是产业工人网络学习的核心。《制造业人才发展规划指南》明确指出，要增强信息技术应用能力。强化企业专业技术人员和经营管理人员在研发、生产、管理、营销、维护等核心环节的信息技术应用能力，提高生产一线职工对工

业机器人、智能生产线的操作使用能力和系统维护能力。加强面向先进制造业的信息技术应用人才培养，在相关专业教学中强化数字化设计、智能制造、信息管理、电子商务等方面内容。因此，面向“互联网+”融合发展需求，产业工人要向复合型人才发展，利用网络学习形式提高学历层次和能力水平，适应现代信息技术快速发展的需要。

推进“互联网+”专业技术人才培训。《技工教育“十三五”规划》强调指出，要加强信息化建设，建设全国技工教育网，打造技工教育政策和招生宣传平台、校企合作平台、在线课程平台、教师在线培训平台、毕业生就业服务平台。全面加强技工院校信息化建设，提高课程教学质量和内部管理水平，丰富多元办学内容和手段，提升教学、招生、学籍管理、后勤服务、内部管理、就业服务等方面的信息化管理水平。到2020年，技工院校100%建立校园网。

开辟内容丰富、学习简便的网络培训课堂。与《“十三五”规划纲要》提出的实施“高技能人才培养计划”相衔接，以产业工人“自主学习、快乐学习、公平学习、竞技学习”为理念，利用数字化手段构建3D动画模拟工艺实操模块和信息化工具互联互通优势，使用分享经济和社会协同模式创设、挖掘、积累与整合全国各行各业的工艺技术场景和职业教育培训资源，提供专业齐全的工匠讲坛、实操案例、模拟实训等电子课程，以满足产业工人在线学习的需求。开展线上线下相结合的多工种专业技能大赛和深入持久的岗位练兵活动，形成集技能学习、岗位练兵和职业技能鉴定于一体的职业技能提升平台，扩大职业培训覆盖面，提升培训质量和效果，让广大职工获得更便利的职业发展机会。

积极发展“互联网+教育”。《国家教育事业发展“十三五”规划》指出，积极发展“互联网+教育”，加快完善制度环境，鼓励企业和其他社会力量开发数字教育资源，形成公平有序的市场环境，培育社会化的数字教育资源服务市场，探索建立“互联网+教育”管理规范，发展互联网教育服务新业态。全力推动信息技术与教育教学深度融合，深入推进“网络学习空间人人通”，形成线上线下有机结合的网络化泛在学习新模式。加快教育大数据建设与开放共享。发展现代远程教育和在线教育，实施“互联网+教育培训”行动，支持“互联网+教育”教学新模式，发展“互联网+教育”服务新业态。推动各类学习资源开放共享，办好开放大学，发展在线教育和远程教育，整合各类数字教育资源向全社会提供服务。实施产学合作专业综合改革项目，鼓励校企、院企合作办学，深化互联网领域产教融合，依托高校、科研机构、企业的智力资源和研究平台，建立一批联合实训基地。建立企业技术中心和院校对接机制，鼓励企业在院校建立“互联网+”研发机构和实验中心。

建设职工电子书屋服务系统和工会理论与实践工作应用资料数据库。这两项载体是《全国工会网上工作纲要（2017—2020年）》中加强职工网络学习的重要平台。职工电子书屋服务系统可以实现用户管理、电子书查询、权限管理、版权管理等基本功能和在线学习互动等。该系统对已有版权资料进行分类整理，职工可根据个人账号登录系统查询资料。管理员可对系统进行监测，提供职工学习互动、交换心得等操作，可在协同管理中心展示。工会理论与实践工作应用资料数据库，存储工会干部学习的理论知识、案例讲解，保存图文资料，实现统一文档共享，按照行业进行分类、帮助检索，具备全文搜索、文档排序、多文件上传、文档编辑、文档审计、规则应用、权限管理、Office无缝集成等多种功能。

三、建设面向产业工人队伍的新媒体矩阵，提升产业工人网络文明素养

习近平总书记指出，网络空间是亿万民众共同的精神家园。要本着对社会负责、对人民负责的态度，依法加强网络空间治理，加强网络内容建设，做强网上正面宣传，培育积极健康、向上向善的网络文化，用社会主义核心价值观和人类优秀文明成果滋养人心、滋养社会，做到正能量充沛、主旋律高昂，营造一个风清气正的网络空间。对产业工人来说，互联网不仅是一个信息化学习、提升素质的重要载体，也是一个进行社会交流的大平台，对他们的求知途径、思维方

式、价值观念都产生重要影响。因此，要把互联网作为提升产业工人网络文明素养的重要阵地。

建设面向产业工人队伍的新媒体矩阵。新媒体是以数字信息技术为基础，以互动传播为特点并具有创新形态的媒体。它对大众提供个性化的内容，传播者和接受者成对等的交流者，无数的交流者相互间则可以同时进行个性化交流。中国互联网络信息中心数据显示，截至2016年8月底，我国网民人数已达到7.49亿，手机用户达到12亿，微博、微信用户达到8亿，每天信息发送量超过200亿条。总的说来，面向产业工人的新媒体主体形式为“两微一端”，即微博、微信和APP客户端。微博是目前互联网传播中唯一限制信息发布篇幅的媒介应用，除了具有海量性、即时性、多样化等传统互联网传播特征之外，微博的传播方式趋于简单、碎片化、节点化、社交网络化的特征。微信是一种更快速的即时通信工具，从一诞生就是以用户关系为核心建立起来的强关系社交平台。工会APP是各级工会根据全总统一要求，结合各地方需求，充分体现地方特色而建设的移动端网上工会工作载体。通过APP实现会员入会、会籍管理、困难帮扶、法律援助、劳模管理、普惠服务、职业培训、就业服务、交互式即时通信等功能。比如，上海市总通过“申工社”微信平台和APP推送普惠服务和优惠信息，借助“上海发布”微信、地铁流媒体等平台加大宣传力度。截至2016年8月底，“申工社”微信“粉丝”已达23万人，“申工社”APP注册达10万人。

培育积极健康、向上向善的网络文化。广泛开展“网聚职工正能量　争做中国好网民”主题活动，通过多种形式的网络素养教育和培训，普及网络安全知识和网络防护技能，倡导文明健康的网络生活方式，教育引导产业工人自觉学习网络知识、掌握网络技能、用好网络技术，不断提升正确认知和应用互联网的能力与水平，形成崇德向善、遵纪守法、文明上网的网络行为习惯，筑牢网络空间行为规范底线，让中国好网民这个重要理念在产业工人中落地生根、付诸行动。不断提升网络文化产品的供给与服务能力，通过开展征集公益广告设计、“科技创新·劳模展示微视频”、“画面故事”、“网言网语”以及

“网络好职工”读书征文等丰富多彩的职工网络文化创意活动，创建一批体现时代精神、具有影响力和示范性的网络文化精品，寓教于乐、滋人育才，打造好广大产业工人的网上精神家园。

第三节　推行“互联网 +”普惠性服务

党的十八大以来，习近平总书记在不同场合多次强调，要贯彻以人民为中心的发展思想，让互联网更好造福人民；工会、共青团、妇联组织要下大气力开展网上工作，让群众能在网上找到自己的组织、参加组织的活动。推行“互联网 +”普惠性服务，是贯彻落实习近平总书记的重要指示，巩固党的阶级基础、扩大党的群众基础、加强产业工人队伍建设改革的重要举措。

一、推行“互联网 +”普惠性服务的重要性

推进“互联网 +”普惠性服务工作，是推进工会改革创新的内在要求。互联网是工会工作的新平台，也是工会改革创新的突破口。全总十六届四次执委会议提出，要大力加强服务职工网上运行工作，打开工会联系服务职工群众的新窗口。李建国同志在 2016 年 9 月召开的全总十六届十次主席团会议上强调，要大力推进“互联网 +”工会建设，形成网上网下深度融合、互相联动的服务职工新格局，更加高效便捷地服务职工群众。2016 年 9 月，全总在湖北省宜昌市召开全国“互联网 +”工会普惠性服务现场推进会。《全国总工会改革试点方案》明确提出，要创建工会网上工作平台，完善服务职工体系，实行普惠性服务。坚持运用互联网思维，创新工作理念、转变工作方式、拓展工作内容，实现服务对象从特殊群体向全体会员转变，服务方式从工会“定菜单”向职工“点菜单”转变，服务手段从线下为主到线上线下互动融合转变，集中体现了工会改革向基层延伸、改革成果向职工延伸的积极探索。

推进“互联网 +”普惠性服务工作，是加强建设改革的重要举措。“互联网 +”普惠性服务，运用大数据、云计算等技术，以资源信息共享和工作互联互通为保障，以基层工会和会员职工信息完整真

实为基础，能够迅速地动态了解产业工人的多样化需求，实现服务职工工作有机整合，做到各项服务可记录、可追溯，有利于提高工会服务产业工人的精准化水平，更好地满足产业工人的个性化需求。通过“互联网＋”工会普惠性服务，可以进一步密切工会与产业工人联系，做强基层夯实基础，有效激发基层活力，最大限度地把广大职工组织到工会中来。

二、各地工会开展“互联网＋”普惠性服务的成功模式

新形势下，促进互联网和工会工作融合发展，形成更广泛的以互联网为基础设施和创新要素的工会工作新形态，是大势所趋。从各地工会的探索实践来看，“互联网＋”工会普惠性服务，适应职工群众期待，能够有效破解工会服务职工群众的“最后一公里”问题。

湖北省工会运用“互联网＋”全面升级社会管理服务，加强与综治、人社、公安、民政、工商、税务等部门的工作对接，构建“互联网＋”服务职工体系。目前，省市县工会服务职工网络平台已全面联通，市级工会已全面建成覆盖城区的“互联网＋”服务职工体系。湖北省总工会把联通全省工会的网络服务平台作为“天网”，把各级工会职工服务中心实体站点作为“地网”，把全省工会广泛开展的会员服务卡、职工医疗互助、小额贷款、金秋助学、关爱农民工等服务项目作为“支架”，坚持“天网”“地网”“支架”有机整合，“网络化、实体化、项目化”一体推进，着力打造全省“互联网＋”工会普惠性服务职工的立体化格局。

自2009年5月以来，北京市各级工会建立了2739个信息采集点，通过互联网和办理工会会员互助服务卡等方式，采集工会组织和会员实名信息。截至目前，已实名采集会员信息422万条，掌握会员手机信息314万个。工会会员互助服务卡是以会员数据为基础，与银行合作推出的实名卡。服务卡既是会员身份的证明，也是工会实施服务项目、会员享受普惠服务的有效载体。自服务卡开设以来，办理会员互助服务卡349万张。

河北省总工会印发了《关于在全省发放工会会员卡推行普惠化服务

工作的指导意见》，重点对“一卡一网”（即工会会员卡和职工服务网）进行融合。在全省范围内已发放79.2万张工会会员卡，实现与手机APP、网站链接，明确会员卡的统一性、唯一性、普惠性。工会通过短信、微信、APP等及时发布信息，全省地市级总工会普惠办已有14家开通了微信公众号，5家开发了手机APP，7家开通了职工服务网。

沈阳市总工会为70余万农民工专属设计打造“爱异客”APP，集维权、入会、帮扶、培训和服务5大功能于一体，设有信息动态、农民工入会、维权帮扶等9个服务栏目。在“爱异客”中，农民工可根据需要选择相应服务，提交信息由后台系统统一分派、处理；农民工在输入姓名、手机和身份证号码等信息提交申请，市总工会将申请信息与工会、政府有关部门的信息库关联对比，审核通过后农民工即可成为会员。

三、网上网下深度融合、互相联动，建设网上“职工之家”

一是发挥网络优势，健全工作载体。互联网是做好群众工作的重要路径，多渠道、多形式的网络载体是服务职工群众的重要基础。按照“宜上则上、宜下则下，宜统则统、宜分则分”的原则，整合工会系统网站、微博、微信、APP客户端等网络平台，打造工会服务职工的新媒体矩阵。要充分发挥网络平台在信息时效性、互动性和传播率、送达率方面的优势，运用场景式服务、智能引导等新颖形式，开展职工关注度高、喜闻乐见的活动，促进服务“在指尖上移动、在移动中完成”，让“信息多跑路、职工少跑腿”，打造方便快捷、务实高效的服务职工新通道。建立“扁平化”服务模式，通过工会与职工群众“指尖上的互动”，提高工会感知职工群众期盼、服务职工群众需求的能力，使工会服务更加直接、更加深入、更加贴近职工群众，努力把基层工会建设成为为职工服务的基地。

二是拓展服务内容，增强工作实效。按照“会、站、家”一体化思路，加强困难职工帮扶中心（职工服务中心）和站点建设，形成网上网下相互促进、有机融合的工会服务工作新体系。着力扩大工作覆盖面和服务受众范围，将服务的重点从困难职工、劳模等特殊群体向广大普通职工延伸，使他们不受城乡地域、职业岗位、就业形式等限制，做到哪里有职工，哪里就有工会组织提供的贴心服务，实现工会服务职工从特惠到普惠的转变，做到服务对象全覆盖、服务时间全天候。注重优选服务项目，围绕职工医疗、职工就业、职工培训、法律援助、困难帮扶、职工文化等设立服务项目。坚持统一性服务和差异化服务相结合，充实服务内容。充分发挥大数据、新媒体的重要作用，深入了解职工群众需求，掌握职工群众所需所急所盼，因地制宜提供职工群众感兴趣、受欢迎的服务项目。针对不同职工群体多层次、多样化的需求，积极开展项目化服务，实施精细化管理，不断提高普惠性服务的针对性和实效性。

三是整合资源手段，拓宽工作格局。“互联网+”是一项资金密集和技术密集的系统工程。加大人力财力物力投入，配强与业务发展相适应的工作力量，将工作经费纳入本级工会经费预算，加强资金使用管理和监督，提高资金使用效率。注重引导更多资源向基层倾斜，为顺利推进工作提供有力保障。有效利用国家基础网络设施和信息资源，整合全国工会系统信息资源，减少重复建设，促进合理共享，实现资源优化配置和有效利用。善于运用信息化手段，深入挖掘市场资源，优化整合职工保险、住房等互助合作和医疗、教育、交通等普惠服务，最大限度地满足职工群众的需求，让职工更好地共享互联网发展成果。

四是围绕重点难点，创新工作方式。把职工群众组织到工会中来，是为他们提供服务的基本前提。当前，把农民工组织到工会中来，既是入会工作的重点，也是难点。各级工会在这方面作了不少探索，有效畅通了农民工入会渠道，网上申请入会等方式，顺应信息化时代发展趋势，适应农民工队伍特点，成为组织入会和会员发展工作的一个亮点。进一步完善和发展网上申请入会的工作方式，打造面向职工的便捷入会窗口，形成服务促进入会、入会即享服务的良好局面。加强对会员信息和普惠性服务信息的分析研究，运用会员大数据信息，优化工会工作，更好地满足会员的多元化需求，让包括农民工在内的广大职工享受到实实在在的好处，影响和带动更多职工加入到工会组织中来。

第六章 创新产业工人发展制度

习近平总书记指出，“全心全意依靠工人阶级，既要解决认识问题，更要解决实践问题，不能只当口号喊、标签贴，而要贯彻到经济、政治、文化、社会、生态文明建设和党的建设各方面，落实到党和国家制定政策、推进工作全过程，体现到企业生产经营各环节，不断营造环境、搭建平台、畅通渠道、创新方式，为工人成长成才、就业创业、报效国家、服务社会创造更多机会，为工人参与企业民主管理、参与国家和社会治理打开更广阔的通道”。“要坚持社会公平正义，排除阻碍劳动者参与发展、分享发展成果的障碍，努力让劳动者实现体面劳动、全面发展。”创新产业工人发展制度，正是从产业工人的现实需求出发，适应新形势新任务新要求提出的改革举措，对于畅通产业工人职业发展渠道、更好地成长成才成就意义重大，也为充分调动产业工人的积极性主动性创造性、更好地投身经济社会建设搭建了平台、铺平了道路。

第一节 拓宽产业工人发展空间

产业工人职业发展通道上的狭窄、制度空间上的局限，已经成为影响产业工人队伍发展、挫伤产业工人积极性的突出问题。《改革方案》中提出“拓宽产业工人发展空间”，旨在通过一系列政策措施，促进制度上的有机融合与互通互认，打通阻碍产业工人发展的各项制度性“梗阻”，打破产业工人成长成才的身份壁垒、价值体现壁垒、学习教育壁垒，打造产业工人发展的立体化发展空间。

一、改革人力资源管理“双轨制”

我国企业普遍存在的人力资源管理“双轨制”模式，是伴随着计划经济向市场经济转型而出现的一种劳动用工模式，是指在企业内部，基于劳动者不同的身份形成两种不同的用工方式，采用不同的使用方法，给予不同的待遇，甚至在同样工作或同岗位条件下，干同样的活，给予不同的待遇。比如，有的用人单位根据员工身份或户籍的不同，把员工分为全民工、集体工或正式职工和农民工等；有的用人单位则将劳动者分为固定工和临时工、劳务工等。这种管理模式在我国企业的转型发展过程中曾发挥过积极的作用，有助于企业保持用工灵活性，控制和降低劳动力成本，保持竞争优势。但随着企业人力资源管理现代化程度和劳动法制环境的不断完善，这一模式的诸多弊端也日益显现，如职工在享受劳动经济权益、民主管理权利、职业发展等方面存在事实上的不平等等现象，阻滞了成长通道，影响了社会公平正义的实现和积极性主动性创造性的充分调动，也影响了社会生产力中这部分最积极最活跃要素的有效发挥。

因此，《改革方案》提出，要“改革企业人事管理和工人劳动管理相区分的双轨管理体制，实行统一的人力资源管理制度”。这一举措通过改革企业用人制度，在保障产业工人享有合法的劳动经济权益同时，将适当打破企业用人中“工人”与“干部”之间的身份界限，使符合条件的技能人才能够参与到企业管理中来，使产业工人得到公平公正待遇。这必将提升他们的主人翁地位，增强社会认同感和职业自豪感，也必将进一步激发产业工人的创造活力，促进产业工人在企业技术进步、核心竞争力提升中发挥更大作用。

二、拆掉成长成才“独木桥”

《改革方案》提出，“打破职业技能等级与专业技术职务之间的界限，实现有效衔接，改变技术工人成长成才的‘独木桥’现象”。在我国，职业资格等级也称职业技能资格等级或工人技术等级，是指通过对职业的分析与评价，根据职业范围的宽窄、职业技术复杂程度高低及从业者掌握职业技能所需培训时间的长短，合理设定的国家职业资格 5 级结构。根据原劳动和社会保障部规定，从高到低依次为高级技师、技师、高级技能（高级工）、中级技能（中级工）和初级技能（初级工）。而专业技术职务是根据实际工作需要设置的有明确职责、任职条件和任期，需要具备专门的业务知识和技术水平才能担负的工作岗位。我国从 1986 年起实行专业技术职务聘任制度，一般分为高级、中级、初级。

目前，产业工人基本只有职业技能等级这一条成长通道。产业工人即使通过自己个人努力，掌握了扎实的专业知识和高超的技术，也难以转换到专业技术等级通道或干部管理岗位通道，出现所谓“天花板”现象。而打通职业技能等级与专业技术职务之间的界限，建立职业技能等级与专业技术职务两种通道相互衔接、相互转换的管理机制，就是要打破产业工人职业转换、岗位调整、职位晋级的限制，打通产业工人职业发展通道，使符合条件的技术工人能够融入企业管理人员和技术人员行列，既激励产业工人不断提高技术技能，拓展发展空间，也能够充分挖掘企业人力资源潜能，激发创造活力，有效提升企业的核心竞争力，收到一举多赢的效果。

三、搭建终身学习“立交桥”

《改革方案》提出，要“完善个人学习账号和学分累计制度，制定国家资历框架，推进非学历教育学习成果、职业技能等级学分转换互认”。这是对国民经济和社会发展“十三五”规划纲要中相应举措的进一步强化。当前，产业工人的学习通道和途径已经有了很大拓展，但跨地区、跨行业、跨系统之间的学习还存在壁垒，优质教育资源的供给尚不能与产业工人的个性化、多样化的学习需求相匹配，以提升产业工人技术技能为核心的继续教育课程和终身学习资源还不够丰富，终身学习制度、继续教育供给体制和服务机制尚未建立。

面对这一现状，通过完善个人学习账号和学分累计制度，根据产业工人的知识、技能和能力要求，为产业工人建立终身学习成果档案，构建成一个连续的、可被认可的资格阶梯；通过建立国家资格框架，既包括正规学校的学历文凭，又包括自学和社会培训获得的职业资格，整合教育和培训等各类证书、资格标准，实现等值、互认，无疑有利于职业教育、继续教育与生产实践对接、与产业升级需求对接、与国家经济社会发展对接，有利于畅通产业工人接受继续教育、终身教育的渠道，搭建终身学习、不断成长的“立交桥”。

四、纳入党管人才“总盘子”

《改革方案》提出，要“把优秀产业工人特别是高技能人才纳入党管人才总盘子统筹考虑，搭建产业工人职业成长平台”。一方面，党管人才是人才工作的重要原则。在新的历史条件下，人才是国家发展最宝贵的战略资源，我们党要科学执政、长期执政，必须直接掌握这一重要战略资源，把尽可能多的人才团结凝聚到党和国家事业中来。把产业工人这支力量团结凝聚起来，纳入党管人才“总盘子”，有利于提升全社会对产业工人队伍重要地位和作用的认识，提升产业工人自豪感，有利于统筹协调，扫除阻碍产业工人发展的各种“拦路虎”“绊脚石”，建立健全充满生机活力的产业工人发展体制机制，为高技能人才施展才华提供更多发展机遇和更大发展空间。另一方面，把优秀产业工人特别是高技能人才纳入党管人才“总盘子”统筹考虑，就是要把产业工人中的技能型人才和专业技术型人才、管理型人才放在同等重要的位置，一视同仁，同样对待，做到一同培养，一同选拔，一同考核，一同使用，强化正确的人才观念、用人导向，进而改变社会某些层面存在的“万般皆下品，惟有读书高”“当工人没出息”“重知识轻技能”等价值取向，不断优化技能型人才成长的社会环境。

第二节　畅通产业工人流动渠道

畅通产业工人流动渠道，是促进产业工人发展的重要途径。现实中产业工人纵向流动较难，横向流动也不易，制约产业工人流动的障碍还比较多。一方面，产业工人对企业用人需求、就业岗位信息了解不充分，对个人流动前景、流动成本难以准确判断、评估；另一方面，产业工人流动成本较大，如产业工人流动涉及的户籍、社会保障、子女就学等问题还难以得到有效解决。《改革方案》提出，“健全公共就业服务体系，丰富就业服务内容，拓展服务功能，加强职业指导，完善就业信息服务制度，做好职业供求信息发布，促进产业工人合理流动，提高人力资源配置效率”。这些举措的提出，要求为产业工人流动提供充分的人才评价、信息参考以及就业分析和指导，减少乃至消除流动藩篱，对于畅通产业工人的流动渠道，改进现行相关制度和公共服务均等化不足问题，发挥市场在人力资源配置中的决定性作用和更好发挥政府作用，具有重要的意义。

一、健全公共就业服务体系

大力加强公共就业服务体系建设，是优化配置人力资源和促进充分、顺利就业的重要保障，也是维护产业工人劳动经济权益的重要举措。自 20 世纪 80 年代以来，我国已经初步建立公共就业服务体系，其职能主要是实施就业政策和人才政策，对城乡所有劳动者提供公益性就业服务，对就业困难群体提供就业援助，对用人单位提供招聘服务，对就业与失业进行社会化管理，对用人单位和劳动者提供基本人力资源社会保障事务代理等。

新形势下，健全和完善公共就业服务体系，就是要以“保基本、可持续、均等化”为基本原则，以促进社会就业更加充分和优化社会人力资源配置为主要目的，明确政府的主体责任，进一步提升政府公共服务能力，充分发挥公共就业人才服务机构作用，建立健全产业工人的人事代理、社会保险代理、劳动争议调解仲裁、人事档案管理等公共服务平台，运用公共资源完善公共服务；全面推进公共就业服务精细化、专业化和标准化，不断丰富服务内容、拓展服务功能、完善服务手段，创新服务供给模式，引入竞争机制，不断提高服务质量和效率，实现公共就业服务可持续发展；按照覆盖城乡、普遍享有的要求，面向全社会提供统一、规范、高效的公共就业服务，方便各类劳动者求职就业和用人单位招聘用工，逐步实现地区间、城乡间基本公共就业服务均等化，构建起覆盖城乡的公共就业服务体系，为产业工人提供及时便捷高效的就业服务。

二、加强人力资源市场建设

我国有9亿多劳动力，其中1亿多是受过高等教育和有专业技能的人才。这对就业来说是压力，但也是宝贵的人力人才资源。但目前我国“人岗不匹配”的结构性矛盾突出，“招工难、就业难”问题并存，既有人找不到工作，也有企业招不到人，原因就在于就业供给不适应市场需求，供需脱节。解决之道，一方面，是要加强职业技能培训，培养更多适应经济社会发展要求的技能型人才，增加“有效供给”；另一方面，是要充分发挥市场在人力资源配置中的作用，推动实现劳动力市场供需平衡。依靠市场的力量，让产业工人特别是技术工人能够实现合理流动，也吸引更多受过高等教育和专业技能人才进入到产业工人队伍中来。

要建立政府部门宏观调控、市场主体公平竞争、中介组织提供服务、人才自主择业的人才流动配置机制和市场监管体制，完善市场服务功能，畅通产业工人流动渠道，打破户籍、地域、身份、学历、人事关系等制约，根据地区、产业发展需要促进劳动力资源的合理流动和有效配置。健全人才市场供求、价格、竞争机制，尊重产业工人和用人单位的市场主体地位，建立健全相关法律制度，消除影响平等就业的制度性障碍。大力发展人力资源服务业，加快建立专业化、信息化、产业化的人力资源服务体系，逐步实现基本公共服务充分保障，市场化服务产业逐步壮大，服务社会就业与人力资源开发配置能力明显提升。以产业引导、政策扶持和环境营造为重点，规范发展人事代理、人才推荐、人员培训、劳务派遣等人力资源服务。

三、完善就业信息服务制度

全面推进公共就业服务信息化建设，努力实现就业管理和服务工作全程信息化。整合各方资源、搭建互联共享信息网络平台，为用人单位和劳动者提供招工就业信息平台。强化对市场秩序的监管，重点解决市场中虚假信息、非法招聘等问题。建立覆盖全国的就业信息监测和招聘信息公共服务平台，开展就业需求预测，扩大失业动态监测范围，推进失业预警试点工作。更加重视就业统计工作，进一步健全就业失业统计指标体系，完善统计口径和调查方法，推进就业统计信息化建设，充分运用云计算和大数据等技术，不断提升数据质量，为用人单位和劳动者特别是技能人才提供高效便捷、精准到位服务。

四、加强工会就业服务体系建设

维护职工合法权益是工会的基本职责。就业权是法律赋予劳动者最基本的权利，工会依法维护职工的合法权益，首先应维护职工的就业权。工会要与政府、企业实行三方联合，建立就业服务平台，实现就业信息资源的共享，实施有效的资源整合和规范的管理运作；加强职业培训和职业介绍机构建设，为产业工人特别是下岗失业人员、农民工等就业困难群体提供就业再就业服务，促进具有政府认定资质、服务功能比较完备、体现工会特色的就业服务体系建设。进一步增强工会在技能培训促就业、春风行动、就业援助月、民营企业招聘周、困难家庭高校毕业生阳光就业行动等方面就业服务的效果。工会就业服务机构要发挥联系劳动者与企业紧密的特点和优势，积极主动面向劳动者提供就业咨询，为劳动者谋求适宜的就业机会，促进劳动力资源和工作岗位的优化配置，在畅通产业工人流通渠道中发挥应有的作用。

第三节 创新技能导向的激励机制

创新技能导向的激励机制，落实技能人才的待遇，是要在全社会营造鼓励创新创造、提升技能的浓厚氛围，形成人才辈出、人尽其才的良好局面。具体而言，就是要建立与业绩、成果、贡献挂钩的技能人才奖励制度，加大对优秀技能人才的保障激励，在收入分配及各项待遇上实行政策倾斜，体现不同技能水平在分配之间存在的差异，让产业工人实实在在体会到提高职业技能带来的好处，在全社会逐步树立起技术工人是人才甚至是高层次人才的新观念。

一、建立健全培养、考核、使用、待遇相统一的激励机制

《改革方案》提出，要“建立健全培养、考核、使用、待遇相统一的激励机制”。企业作为用人主体，理应承担起技能人才培养使用的主体责任，要探索建立针对企业发展的科学的人才评价指标体系，运用现代化的管理手段，规范人才评价标准和考核内容，逐步形成人才培养、使用、激励的科学化管理，不断建立完善技术工人岗位成才的激励机制。

培养、考核、使用、待遇相统一，是促进产业工人培训制度健康发展的理想制度。“相统一”目的就是为了实现“成体系”，最终成为一个持续运转的完整链条。“培养”是指用人单位根据本单位工作需求，对准备上岗或在岗的职工进行有计划的、有针对性的培训，这种培训是企业需求和企业行为，期望培训效果立竿见影。“考核”是指针对上述特定培训的考核，是对培训效果的认定，是培训效果与预先设定标准的比较。“使用”是指对经培训和考核认定已达到岗位标准者，随即按新具备的能力定岗上岗。“待遇”是指对经培训和考核合格、以新能力定岗上岗者，按本岗位标准兑现以经济利益为主的各项待遇。

二、完善高技能人才使用和激励机制

《改革方案》提出，要“引导企业在关键岗位、关键工序培养使用高技能人才，提高相应待遇，实现多劳者多得、技高者多得”，其目的就是要进一步完善高技能人才使用和激励机制。近年来，从中央到地方，各有关部门紧紧围绕高技能人才培养、评价、使用、激励等重点环节，不断完善政策措施，健全工作机制，优化舆论环境，推动高技能人才队伍建设取得重要进展。下一步，政府、企业还要做到双管齐下，不断采取有力措施，进一步加大高技能人才的使用和激励力度。

政府要不断转变职能。政府对高技能人才的激励，主要应放在社会环境的创造和导向性的政策鼓励上，以提高社会对高技能人才的认

同，为高技能人才的自由流动创造良好的市场环境，着重做好5个方面工作：一是通过技能竞赛，对优秀的高技能人才予以奖励和表彰。二是设立政府技能津贴，对于在生产工作中多次作出突出贡献、有重大创新的技师和高级技师给予享受政府津贴的待遇。三是加强舆论引导，营造尊重技能人才的社会氛围。四是建立高技能人才库，定期发布高技能人才的流动情况，及时公布供求信息，从政策层面对高技能人才流动加以引导。五是成立高技能人才市场，定期举行企业和高技能人才见面会，让高技能人才在自由流动中实现自身的价值。

企业要不断健全激励机制。企业作为用人主体，应从4个方面对高技能人才进行激励：一是事业激励。为高技能人才干事业构筑阶梯、搭建平台，打破身份界限，拓宽高技能人才发展空间和成长通道。二是情感激励。给高技能人才更多的人文关怀，帮助他们设计未来的发展蓝图，让他们在企业里感到温暖舒心。三是薪酬激励。逐步建立实行按劳分配与市场劳动力价位接轨的分配激励机制，建立高技能人才凭技能和职业资格得到使用和提升、凭业绩贡献确定收入分配的使用待遇机制。四是竞争激励。企业在为高技能人才创造良好的成长环境中，要引入竞争机制，动态管理，优胜劣汰，激发高技能人才拼搏进取的精神，谨防出现“青蛙现象”。

三、建立技术工人创新成果按要素参与分配的制度

建立技术工人创新成果按要素参与分配的制度不是新提法。自党的十五大报告首次提出“坚持按劳分配为主体、多种分配方式并存的制度。把按劳分配和按生产要素分配结合起来……允许和鼓励资本、技术等生产要素参与收益分配”以来，按生产要素参与分配作为社会主义初级阶段一条分配原则，在实践中不断推进与完善。

事实上，不少地方和企业在建立技术工人创新成果按要素参与分配的机制方面已经进行了很多有益尝试，取得初步成效。概括地说，主要有以下几种分配和奖励模式：一是业绩积分等级制。根据职工技术改进、技术革新、技术发明和获得专利的“贡献率”，对优秀职工

采取提职、提薪、提高福利待遇的办法进行激励。二是年薪制。不少企业建立技薪挂钩的机制，技术工人和创新人才的工资分配逐步与市场接轨。比如，有的企业将高技能人才纳入企业管理层面考核范畴，同企业领导干部一样实行年薪制。三是技术入股。一些企业为了激发创新人才的积极性和创造性，以技术入股的方式，加大激励力度，把按资分配与按劳分配结合起来。四是重奖。如进一步提高对劳模的一次性奖励，组织工人发明家出国考察，奖励补充养老保险，推荐全国自学成材奖，提供教育、培训、晋级等诸多方面的优惠政策。

四、完善产业工人表彰奖励制度

《改革方案》提出，要“完善国家级技术工人表彰奖项，形成以党和国家表彰为导向、企业和社会积极参与的产业工人表彰奖励制度”。就是要针对技能人才的特点，建立多种表彰形式和奖项，对各行业、职业领域中具有绝招绝技、突出业绩和品牌影响的技能人才予以表彰，对技术革新、发明创造中填补国家和省、市空白的优秀人才予以重奖，使高技能人才在精神上、物质上得到奖励，受到社会的广泛尊重，成为劳动者普遍的职业选择，激励广大劳动者立足本职，爱岗敬业，为促进经济发展和社会进步贡献智慧和力量。

《高技能人才队伍建设中长期规划（2010—2020年）》明确提出，对为国家和社会发展作出杰出贡献的高技能人才给予崇高荣誉并实行重奖。进一步完善中华技能大奖和全国技术能手评选表彰制度以及高技能人才享受政府特殊津贴相关政策，对优秀高技能人才给予表彰和奖励。鼓励地方政府对为本地区作出突出贡献的高技能人才给予奖励，并参照高层次人才有关政策确定相应待遇。鼓励行业企业开展优秀高技能人才同业交流、联合攻关、培训深造、出访考察活动。今后，还要进一步完善相关表彰奖励制度和落实政策，不断健全完善产业工人激励表彰机制，加大对技术尖子和创新能手的表彰和奖励力度，推动更多优秀的产业工人脱颖而出。

五、增加产业工人在各级各类劳动模范和先进代表等评选中的名额比例

劳动模范是我国工人阶级和广大劳动群众的杰出代表。他们积极投身革命、建设和改革事业，以高度的主人翁责任感、卓越的劳动创造、忘我的拼搏奉献，干一行、爱一行，专一行、精一行，在平凡岗位上创造了不平凡的业绩，为全国各族人民树立了学习的榜样，成为民族的精英、国家的栋梁、社会的中坚、人民的楷模。从 1950 年至 2015 年，我国先后召开了 15 次全国劳模表彰大会，以表彰劳动模范及其突出贡献。

以往的全国劳动模范评选也都坚持面向基层和工作一线，面向经济社会发展的各条战线，面向社会各个阶层，要保证工人、农民在推荐人选中有较大比重；明确东部农民工较多的省市，应有一定数量的跨省市工作的农民工在推荐人选中有较大比重；对企业职工人选比例都有明确规定。但从实际看，产业工人获评全国劳动模范的数量仍然相对偏少，所占比例仍有增加空间。

2015 年全国劳动模范和先进工作者大会共评选了 2968 名代表，其中全国劳动模范 2064 名，占总数的 69.5%；全国先进工作者 904 名，占总数的 30.5%。在全国劳动模范中，有企业职工 1471 名，占总数的 49.6%；农民 593 名，占总数的 20.0%。按照《改革方案》要求，下一步还将继续增加产业工人在各级全国劳动模范和各级各类劳动模范、先进代表等评选中的名额比例，推动在经济、科技、社会等方面作出巨大贡献、享有崇高声誉的产业工人被授予国家勋章和国家荣誉。

第四节　改进劳动和技能竞赛体系

劳动和技能竞赛是提高产业工人素质、推动企业进步、促进经济发展的重要途径，主要目的是为广大产业工人发挥主力军作用搭建平台。随着时代的进步、企业的发展，劳动和技能竞赛活动面临着新的形势、新的任务，活动逐渐凸显出选项不规范且发展不平衡、目标不

准确且内容单一、考核不合理且奖罚不平衡等问题。如何解决这些问题，使劳动和技能竞赛活动更科学有效地开展，更好地适应企业改革与现代市场竞争的形势需要，适应新时期产业工人队伍建设的现实需要，十分迫切而重要。

一、开展劳动和技能竞赛的重要意义

劳动竞赛是指社会主义国家为充分发挥劳动者的主动性、积极性和首创精神所开展的，以普遍提高劳动生产率和工作效率为目的的群众性竞赛活动，具有创造功能、激励功能、教育功能3个功能和群众性、广泛性、民主性3个特点。职业技能竞赛是依据国家职业技能标准，结合生产和经营工作实际开展的，以突出操作技能和解决实际问题能力为重点的、有组织的群众性竞赛活动。劳动竞赛的概念有狭义和广义之分。狭义的劳动竞赛特指生产竞赛；广义的劳动竞赛是职工经济技术活动的统称，包括生产竞赛、合理化建议、技术革新、技术攻关、技术协作、发明创造、岗位练兵、技术比赛等活动。为适应形势的发展，进一步提高竞赛活动的知识含量和科技含量，促进劳动竞赛由“速度型”“体力型”向“效益型”“智力型”转变，劳动竞赛现称为劳动和技能竞赛。新时期的劳动和技能竞赛作用主要体现在“四个助推”。

一是助推企业增强竞争力。在社会主义市场经济体制下，真正意义上“铁饭碗”早已不存在，要想在企业竞争中占有一席之地，每名工人就应立足岗位，学好本领，而劳动和技能竞赛正是检验产业工人能力水平的标尺，鞭策产业工人不断学习和进步的动力。把竞争意识引入劳动和技能竞赛，才能赛出水平，避免流于形式。企业要生存发展，就要走向市场，以市场为导向；工人要上岗，择优录取，就需要不断提高自身修养素质，以为企业创利为目的。同样，劳动和技能竞赛也必须跟进市场，瞄准市场变化来开展，为市场竞争服务。

二是助推提升技术创新力。科技是第一生产力，不断增加产品科技含量，是企业参与市场竞争的永恒动力。开展劳动和技能竞赛，有利于调整经济结构，不断提高自主创新能力，促进企业更好更快发展。通过开展劳动和技能竞赛活动，可以充分发挥产业工人的智慧和创造力，推动技术进步，增强企业持续健康发展的活力，建设创新型组织、创新型企业。

三是助推提高产业工人素质。劳动和技能竞赛能让产业工人更好地体现自身价值，提高自身素质，寻求自身发展。随着企业不断发展，对专业技术人才需求越来越大，因此，建设一支高素质、高技能的产业工人队伍，对企业发展有重要意义。新时期的劳动和技能竞赛是培养产业工人学习能力的重要学堂，是提高产业工人技能水平的练兵赛场，是发挥产业工人能力才华的广阔舞台，让产业工人在干中学、学中练、练中比、比中创，不断增强学习能力、创新能力、竞争能力、创业能力，提高技能水平、综合素质。

四是助推构建和谐劳动关系。在市场经济条件下，如果劳动关系不和谐，社会就难以和谐，产业工人队伍不稳定，社会就不稳定。不断创新开展劳动和技能竞赛，最大限度地把产业工人的积极性调动起来，充分发挥他们的先进性、主动性，有利于增强企业竞争能力，实现各种资源的优化配置，更好地达到企业与产业工人互利双赢的目标，对于促进企业劳动关系和谐稳定，共谋企业发展、共建和谐社会，都有着十分重要的意义。

二、“十三五”时期劳动和技能竞赛的重点任务

《改革方案》提出，要“积极开展各类技能大赛，完善劳动和技能竞赛组织、效能评估及激励机制等”。工会要联合政府有关部门推动企业制定相应的竞赛奖励制度，把产业工人的职业技术资格晋升、收入待遇与技能提升、创新业绩挂钩，提高技术工人待遇；把产业工人满意不满意、党政支持不支持、社会认可不认可作为竞赛评估的重要标准，不断提升劳动和技能竞赛的针对性和实效性。

2016 年 9 月，全国总工会印发了《2016—2020 年劳动和技能竞赛规划》（以下简称《规划》）。《规划》提出，“十三五”时期劳动和技能竞赛的总体要求和目标任务是，认真贯彻党的十八届五中全会精神和习近平总书记系列重要讲话精神，紧紧围绕“十三五”规划目标任

务，牢固树立和积极践行创新、协调、绿色、开放、共享的发展理念，注重面向基层、面向一线职工、面向普通劳动者，以提升职工技能素质、推动企业技术创新为重点，广泛开展以“践行新理念、建功‘十三五’”为主题的劳动和技能竞赛，大力弘扬劳模精神、劳动精神、工匠精神，把广大职工主人翁精神和创新活力充分激发出来，为全面建成小康社会建功立业，不断谱写新时代的劳动者之歌。到“十三五”末，努力做到劳动和技能竞赛广泛性和实效性进一步增强。职工参与面进一步扩大，劳动和技能竞赛在规模以上企业中普遍开展，在中小企业稳步推进。职工创新成果大量涌现，质上有提升、量上有发展，成果转化率进一步提高。职工技能素质、创新能力显著提升，技术工人队伍不断壮大，更多大国工匠脱颖而出。劳动和技能竞赛组织领导体制进一步完善，竞赛绩效评估、考核管理和表彰奖励等机制进一步健全，形成党政重视支持、工会积极组织、职工广泛参与、社会充分认可的竞赛格局。

贯彻落实《改革方案》要求，要结合国家重大发展战略、重大基础设施建设、重大科技项目和重大活动开展竞赛。落实创新驱动发展、制造强国、质量强国、“一带一路”建设、京津冀协同发展、长江经济带发展、河北雄安新区建设等国家战略，联合政府有关部门，组织地方和产业工会开展专题竞赛活动和全国示范性竞赛创建活动，助推产业结构优化升级、区域发展、科技进步和工程建设。

贯彻落实《改革方案》要求，要通过开展竞赛活动，进一步推动大众创业、万众创新；进一步提升职工技能素质，建设知识型、技术型、创新型职工队伍；进一步推动职工节能减排活动，促进生态文明建设；进一步保障职工安全健康权益；进一步争创“工人先锋号”，提高班组建设水平；进一步弘扬劳模精神、劳动精神、工匠精神，为实现中国梦汇聚正能量。

三、劳动和技能竞赛的分层分级工作机制

《改革方案》提出，“建立以企业岗位练兵和技术比武为基础、以国家和行业职业技能竞赛为主体、国内竞赛与国际竞赛赛项相衔接的

劳动和技能竞赛机制”，进一步明晰了劳动和技能竞赛的分层分级工作机制。

岗位练兵，就是引导职工立足本职岗位学练技能、勇于创新、建功立业，成为技术尖子，掀起比、学、赶、帮、超热潮，培育一流人才，创出一流产品。技术比武，则指在职工中开展技术比武活动，是群众性生产技术工作的一项传统内容。企业广泛开展岗位练兵和技术比武，能有效提升全体职工的岗位技能和技术水平，增强职工的整体素质和战斗力，调动职工的劳动积极性，形成钻研技术、爱岗敬业的良好风气，提高企业的劳动生产率和生产效益。因此，量大面广的企业岗位练兵和技术比武，是劳动和技能竞赛的塔基。

相较企业岗位练兵和技术比武，职业技能竞赛坚持社会效益为主和公开、公平、公正的原则，在更高的层面与职业技能培训、职业技能鉴定、业绩考核、技术革新和生产工作紧密结合。在我国，职业技能竞赛实行分级分类管理，主要分为国家级、省级和地市级三级。近年来，由各级工会组织牵头的职业技能竞赛如火如荼地开展，职业技能竞赛不仅为技术工人提供了展现自己的舞台，也是技能人才队伍建设的主要途径之一。大量的技术工人从大赛中“破格”而出，打破了年龄、学历、职称的限制，凭借比赛的成绩获得了相应的职业资格证书，步入了技能成长的“快车道”，对于营造劳动光荣、技能宝贵、创造伟大的良好氛围，促进高技能人才队伍建设，全面提高职工队伍整体素质，产生了重要影响。2003 年以来，由全国总工会、科学技术部、人力资源和社会保障部、工业和信息化部联合主办的中国技能大赛——全国职工职业技能大赛已经成功举办了 5 届，其中“2015 年中国技能大赛——第五届全国职工职业技能大赛”成为历届参赛人数最多、影响最为广泛的一届大赛，5 个工种中有 4 个属于“互联网 +”范畴，30 个省（区、市）和新疆生产建设兵团组织了近 350 万名职工参加大赛选拔，辐射带动了 1500 多万名职工参加不同层次的技能比赛，120 多万名职工通过比赛晋升了技术等级，特别是注重吸引非公有制企业职工参赛，参加各工种决赛的非公有制企业职工占决赛选手的42%。通过网站、微博、微信等新兴媒体加大宣传力度，微信点击量达到10万人次，为大赛成功举办营造了浓厚的舆论氛围。

在经济全球化深入发展、我国工业化加速发展的时代背景下，提升劳动和技能竞赛的水平和效率，既要以国家和行业职业技能竞赛为主体，又要研究借鉴国外的经验和做法，包括世界技能大赛等国际赛事的成功经验，服务于我国竞赛制度建设，促进国内竞赛更加科学、规范和开放，实现国内竞赛和国际竞赛相衔接，为技术工人搭建更广阔的交流平台、成长舞台。

由世界技能组织举办的世界技能大赛，被誉为“世界技能奥林匹克”，是世界技能组织成员展示和交流职业技能的重要平台。成立于1950年的世界技能组织，是非政府国际组织，现有77个国家和地区成员，其宗旨是通过各成员之间的合作，促进职业技能水平的提高，促进世界各国家和地区在职业技能领域的合作与交流，促进职业技能的推广，主要活动为每年举办一次世界技能组织大会和每两年举办一次世界技能大赛。世界技能大赛的举办机制类似于奥运会，由世界技能组织成员申请获批准之后，在世界技能组织的指导下与主办方合作举办。目前，世界技能大赛共设置结构与建筑技术、制造与工程技术、信息与通信技术、创意艺术与时尚、社会与个人服务、运输与物流6大类50个左右比赛项目。迄今为止，世界技能大赛已成功举办了43届。经国务院批准，2010年10月，人力资源和社会保障部代表中国政府申请并正式加入世界技能组织。之后，我国连续参加了3届世界技能大赛，累计取得5枚金牌、8枚银牌、7枚铜牌和29个优胜奖的优异成绩，特别是2015年8月在巴西圣保罗举办的第43届世界技能大赛上，我国获得5枚金牌、6枚银牌、4枚铜牌和11个优胜奖，实现金牌零的突破，创造了我国参加世界技能大赛以来的最好成绩。

2016年10月7日，人力资源和社会保障部代表中国在加拿大尼亚加拉市召开的世界技能组织2016年大会上，宣布申办2021年第46届世界技能大赛意向，并推出上海作为承办城市。第44届和第45届世界技能大赛已确定于2017年10月和2019年8月先后在阿联酋阿布扎比和俄罗斯喀山举办。2021 年第 46 届世界技能大赛的承办城市将于 2017 年 10 月在阿联酋阿布扎比召开的世界技能组织大会上由各成员投票确定。目前，中国上海和瑞士巴塞尔提出申办。

2017 年 4 月 7 日，国务院总理李克强会见来华对上海申办进行考察评估的世界技能组织主席巴特利时表示，中国中央政府支持上海申办世界技能大赛，愿以申办工作为契机和起点，同世界技能组织加强合作，推动技能运动理念传播，这有助于提升中国数以亿计劳动者的技能水平，也为落实联合国 2030 年可持续发展议程作出贡献。

第五节　加大对产业工人创新创效扶持力度

党的十八届五中全会明确提出了创新、协调、绿色、开放、共享的发展理念，将创新发展放在首要位置，强调创新是引领发展的第一动力。习近平总书记高度重视产业工人创新创效，提出了殷切期望。2013 年 4 月 28 日，习近平总书记在全总机关同全国劳动模范代表座谈时明确指出，当代工人不仅要有力量，还要有智慧、有技术，能发明、会创新，以实际行动奏响时代主旋律。2015 年 4 月 28 日，习近平总书记在庆祝“五一”国际劳动节暨表彰全国劳动模范和先进工作者大会上明确指出，要推动建设宏大的知识型、技术型、创新型劳动者大军。这些重要论述，为激发产业工人创新精神，加大对产业工人创新创效扶持力度，指明了方向。

开展产业工人创新创效活动是适应企业发展、科技进步的新形势，把广大产业工人的积极性主动性创造性更好地引导到企业发展上的一项重要工作，也是工会组织紧贴企业中心、提高职工素质、发挥优势的一个重要抓手。如何开展产业工人创新创效活动，加大扶持力度，推动企业发展，是工会组织长期以来不断探索实践的重要内容。《改革方案》对加大对产业工人创新创效扶持力度，提出了明确要求，这对工会开展产业工人创新创效活动是一次重要机遇，必须抓住抓好。要清醒地认识到，随着经济社会发展、产业转型升级、职工队伍的变化，开展产业工人创新创效活动面临着很多新情况新问题，需要进一步加大扶持力度，有针对性地加以解决。

一是深化群众性技术创新活动。企业是创新的主体，产业工人是创新的主力。要推动具备条件的行业企业建立和完善职工创新工作室等平台，组织和引导产业工人广泛开展技术攻关、技术革新、发明创造、合理化建议等活动，充分激发产业工人的创新潜能和创造活力。积极开展全国职工优秀创新成果评选，适当增加国家科技进步奖推荐名额，鼓励和支持产业工人创新成果评选、展示，增强职工创新活动补助资金的实效，推动大众创业、万众创新蓬勃发展。要充分发挥“劳模工作室”、技能大师工作室作用，组织能工巧匠和技术人员开展技术交流、技术协作、技术咨询、技术帮扶，为企业发展提供技术和人才支持。要将车间、班组作为产业工人技术创新工作的重要基础，将岗位作为职工创新创效的重要阵地，深入开展“创建学习型组织、争做知识型职工”活动，组织动员更多的产业工人参与技术创新活动，立足本职岗位，积极开展小革新、小设计、小建议、小发明、小改造等活动，努力学习新知识、钻研新技术、创造新工艺、掌握新本领。

二是注重培养产业工人创新能力。技术创新，人才是关键。建设创新型国家，最终还是要靠高素质的劳动者队伍。推动产业工人技能水平和创新能力的普遍提高，培养造就一支知识型、技术型、创新型的高素质产业工人队伍，是技术创新不竭的智慧源泉。要充分发挥工会“大学校”作用，积极推进职工素质建设工程，利用职工职业技能实训基地、职工院校等资源，实施产业工人技术培训活动，总结、命名和推广先进操作法，增强产业工人的创新意识，提高技术素质。要进一步完善活动方式，丰富活动载体，联合高等学校、职业学校和专业科研机构共建实验实训平台，探索创建跨区域、跨行业、跨企业的创新工作室联盟，组织开展岗位练兵、技术比武、技能比赛、师徒帮教等活动，为产业工人成长成才和脱颖而出、发挥作用搭建平台。

三要营造鼓励产业工人创新创效的氛围。企业是产业工人创新的土壤。要建立完善企业创新体系、制度和机制，使产业工人创新土壤更加肥沃。要引导企业重视和支持产业工人技术创新工作，不断完善鼓励技术创新的激励机制，加大对优秀技术创新成果的表彰和奖励力度，加强对“首席员工”“金牌工人”“能工巧匠”“创新能手”等高技能人才和优秀创新人才的培养、选树和宣传，充分发挥他们的示范引领作用，不断激发广大产业工人的创新主动性和创造性，使产业工人的创新才能得以发挥。社会是产业工人创新的环境。要进一步加强宣传发动、平台搭建和重点领域的突破，为产业工人创新创效活动营造更好的舆论、政策法规和文化环境，要加快新技术、新产品、新工艺的研发应用，重视体制机制创新，推动健全有利于产业工人创新创造、全面发展的体制机制以及产业工人科技创新、知识产权运用、效益分配的法律法规，从制度层面保障产业工人发展权益，使企业和产业工人共享创新收益，实现“双赢”。

第六节　组织产业工人积极参与实施走出去战略和“一带一路”建设

随着经济全球化的不断深入发展，世界各国之间的联系更加紧密，各国产业工人技能的交流与合作也正朝着国际化方向发展。每个国家、每个地区在产业工人技能方面，都有各自的相对优势和有利条件。加强产业工人技能国际交流与合作，把这些有利条件结合起来，实现取长补短、优势互补和共同发展，不仅是中国发展的现实需要，也是各国各地区的热切愿望。

我国明确提出走出去战略，鼓励中国企业积极主动参与经济全球化、顺应世界经济发展趋势的需要，充分利用国内和国外两个市场、两种资源，通过对外直接投资、对外工程承包、对外劳动合作等形式积极参与国际竞争与合作，不断增强自身的国际竞争力、提高自身技能水平。这一战略的提出，一方面是促进经济结构战略性调整、开拓国际市场、增强企业发展能力的必然要求，另一方面是解决我国内部资源短缺与快速发展的经济社会之间的矛盾，部分产业技术、设备、产品过剩，市场不足，生产能力过剩问题的迫切需要。这一战略的提出，有利于促进经济结构调整和产业升级，推动我国集中力量发展高新技术产业和新兴产业，增强我国的综合国力，从而带动货物、技术和服务出口，在国际分工与合作中取得有利地位，在世界范围内从资金、市场、资源的合理配置中分享所获得的效益。2015 年年底，中国在境外设立的企业近 3 万家，境外企业资产总额超过 3 万亿美元，连续 3 年位居全球第三大对外投资国，对外承包工程的合同额和营业额均位居世界第一，中国企业实施走出去战略取得显著成效。

2013 年 9 月 7 日，习近平主席在出访中亚国家期间，首次提出共建“丝绸之路经济带”。同年 10 月，他又提出共同建设“21 世纪海上丝绸之路”。二者共同构成了“一带一路”重大倡议。共建“一带一路”旨在促进经济要素有序自由流动、资源高效配置和市场深度融合，推动沿线各国实现经济政策协调，开展更大范围、更高水平、更深层次的区域合作，共同打造开放、包容、均衡、普惠的区域经济合作架构。这一重大战略的提出，顺应了世界多极化、经济全球化、文化多样化、社会信息化的潮流，符合国际社会的根本利益，彰显了人类社会共同理想和美好追求，是国际合作以及全球治理新模式的积极探索，将为世界和平发展增添新的正能量。倡议提出 3 年多来，有 100 多个国家和国际组织参与其中，40 多个国家和国际组织已经同中国签署了互联互通、产业合作、金融支持等合作协议，一批有影响力的标志性项目逐步落地，为沿线国家创造了大量就业机会，仅 2016 年就为东道国增加了 18 万个就业岗位。2016 年，中国对“一带一路”沿线 53 个国家的直接投资达到了 145.3 亿美元，中国企业与 61 个相关国家新签的合同总额达到了 1260.3 亿美元。“一带一路”建设从无到有、由点及面，进度和成果超出预期。2016 年 11 月 17 日，“一带一路”倡议首次写入第七十一届联合国大会决议。2017 年 3 月 17 日，联合国安理会通过第 2344 号决议，首次载入“构建人类命运共同体”理念，呼吁通过“一带一路”建设等加强区域经济合作。2017 年 5 月 14 日至 15 日，在北京举行“一带一路”国际合作高峰论坛，习近平主席出席论坛开幕式并主持领导人圆桌峰会，近30个国家元首和政府首脑，130个国家的官员、学者、企业家、金融机构、媒体等各界人士，来自70多个国际组织的代表，围绕“加强国际合作，共建‘一带一路’，实现共赢发展”的论坛主题交流研讨。

可以说，实施走出去战略、推进“一带一路”建设，是党中央、国务院根据世界形势深刻变化，在全球化深入发展、全球产业链深度调整的背景下，为统筹国内国际两个大局提出的重大战略构想，也为产业工人提升素质、发展职业技能创造了难得的历史机遇。走出去战略、“一带一路”建设既是产品、产能、资本的输出，更是产业工人技术、技能的输出，既有高层领导互动，也有基层产业工人交流。在这一过程中，企业是主体，是推进战略实施的中坚力量，而产业工人是直接参与者，理应在其中扮演重要的角色，获得更为广阔的成长空间。中国工会与包括“一带一路”国家在内的120多个国家的工会和职工组织保持友好交流，2016年中国工会正式启动了“一带一路”人文交流活动，立足产能合作，展望技能发展，更好地搭建了劳动者间的交流平台、能力建设的资源平台、民生项目的服务平台，推动形成了“相互欣赏、相互理解、相互尊重”的人文格局，为加强“一带一路”软力量建设作出了有益探索。

《改革方案》专门提出组织产业工人积极参与实施走出去战略和“一带一路”建设，这对于增进中外产业工人之间互学互鉴、友好交流，将产生重大影响。

一是加强产业工人交流。要鼓励中国企业走出去，在发达国家高新技术企业和研究机构聚集区进行研究与开发性投资，增强与国外技术人员的交流，及时了解世界前沿技术动态，增强国内企业研究与开发的能力，提高产业工人自身的技术水平。要建立长久稳定的交流机制，提升国外民众对中国国情、社情和文化的深入理解，增进其他国家对走出去战略、“一带一路”建设的支持。要推动民意沟通、民间友好、民生合作，巩固传统友谊、深化基层交流，为走出去战略、“一带一路”建设夯实民意基础。要利用地缘优势和友好城市平台，推动国际合作，坚持经济合作和人文交流并举，在尊重彼此文化历史、风俗习惯的基础上，携手应对风险挑战，在互联互通中共享机遇，在开放包容中形成良性互动。

二是开展产业工人互学互鉴。要加强中外产业工人互学、互通、互鉴，更好地搭建产业工人的交流平台、能力建设的资源平台、民生项目的服务平台。要积极开展与港澳台地区和国际间形式多样、内容丰富的产业工人技能和技术创新学习、交流和比赛活动，引导产业工人相互学习借鉴有益经验，增进沟通和理解。要发挥中国工会的独特优势，加强与国外工会和国际工会组织的交流与合作，借鉴其在提高产业工人技能素质和创新能力方面的有益经验，提升产业工人队伍国际竞争力。

三是提升产业工人素质。要积极引导广大产业工人树立学习理念，组织开展职业技能培训，促进技能升级，帮助劳动者学习新知识、掌握新技能、增长新本领，更好应对市场变化和就业条件变化，以劳动者素质提升激发经济增长活力，为各国经济社会发展提供人才支持和智力保障。

第七章　强化产业工人队伍建设支撑保障

制定和实施《改革方案》，是着眼于巩固党的执政基础、实施制造强国战略、全面提高产业工人素质作出的重大战略部署。如何把25项改革举措落到实处，是决定这项改革成败的关键所在。《改革方案》专门就强化产业工人队伍建设支撑保障，提出加强有关产业工人队伍建设的法治保障、完善财政投入机制、建立社会多元投入机制、完善产业工人劳动经济权益保障机制、深化产业工人队伍建设理论政策研究及营造尊重劳动、崇尚技能、鼓励创造的社会氛围等6项举措。只有各方面保障到位，改革举措才能落地见效，《改革方案》才能成为激发广大产业工人建功立业的"强心剂"，为造就一支有理想守信念、懂技术会创新、敢担当讲奉献的宏大的产业工人队伍保好驾、护好航。

第一节　加强有关产业工人队伍建设的法治保障

习近平总书记明确指出，发展是目的，改革是动力，法治是保障，凡属重大的改革都要于法有据。在整个改革过程中，都要高度重视运用法治思维和法治方式，发挥法治的引领和推动作用，加强对相关立法工作的协调，确保在法治轨道上推进改革。党的十八大以来，有关产业工人队伍的法治建设成绩有目共睹，但同党和国家的要求与广大产业工人的期待相比还有差距，必须紧紧围绕新时期产业工人队伍建设目标任务，根植法治思维、用好法治方式、提供法治保障。《改革方案》将加强有关产业工人队伍建设的法治保障作为强化产业工人队伍建设支撑保障的重要措施，强调职业教育、技术资格、企业民主管理和集体协商等问题，切中当前我国产业工人队伍建设要害，具有很强的针对性、必要性和紧迫性。能否从制度层面改革不适应产业工人队伍建设要求的体制机制，从法治角度提供切实可行的解决方案，关系到产业工人队伍建设改革举措的落实，关系到广大产业工人的切身利益，意义十分重大。

要依法保障产业工人接受教育和培训的权利。我国职业教育仍是教育领域的薄弱环节，总体发展水平与经济社会发展还不适应，人才培养的类型、层次和学科专业结构与社会需求不够契合，对提高产业工人队伍整体素质形成掣肘。1996 年 5 月 15 日颁布的《中华人民共和国职业教育法》（以下简称《职教法》）实施以来，对我国职业教育的起步和发展产生了重要影响。随着时代进步和经济社会发展，职业教育的外部环境和自身情况均发生了较大变化，现行《职教法》的结构、内容和立法技术等方面与现实情况已经存在诸多不适应。《职教法》作为规范职业教育的部门法，具有与现实经济社会发展紧密关联的特点，只有在不断修订过程中，才能适应新时期职业教育发展的需要。从海外的现代职业教育实践来看，德国自 1969 年颁布《联邦职业教育法》以来，先后于 1981 年、2005 年对该法律进行合并和修订；日本为适应社会变化对职业教育的需求，先后 3 次修订《职业训练法》，将“职业训练”改为“职业能力开发”。《改革方案》提出，要“推进修订职业教育法，研究技术资格方面的立法”。这是立足我国职业教育立法的现实，切实保障产业工人接受教育和培训权利的重要一步。应紧紧围绕国家教育事业“十三五”规划，抓住《改革方案》中关于构建产业工人技能形成体系的各项举措，把需要作为法律条款的具体措施进行梳理，深入调查研究、广泛征求意见，积极促成《改革方案》相关内容纳入《职教法》的修改之中。鼓励有条件的地方结合实际，以地方立法形式进一步落实《改革方案》精神，自上而下建立健全职业教育法律保障体系。

要依法保障产业工人与用人单位平等协商的权利。在工会组织的推动下，我国企业民主管理、集体协商等工作取得了令人瞩目的成绩，集体协商制度覆盖面不断扩大，集体合同数量不断增多，稳定劳动关系的作用不断凸显，但面对现代企业制度深入发展和广大产业工人多样化需求，还存在一些不容忽视的问题和薄弱环节。比如，非公有制企业推进民主管理工作难度较大、企业民主管理考核和责任追究机制还不健全、企业民主管理队伍建设亟待加强等。《改革方案》提出，要“研究制定企业民主管理、集体协商等方面的制度”。这从制度设计层面对加强企业民主管理、集体协商等工作提出了新要求。要深入落实《劳动法》《企业民主管理规定》等法律法规政策，以发展和完善基层民主制度为方向，以促进企业发展、维护职工权益为原则，以国有改制企业、非公有制企业为重点，健全以职代会为基本形式的企事业单位民主管理制度，深入推进厂务公开制度、职工董事职工监事制度建设，大力推动基层开展民主协商，着力扩大民主管理覆盖面，推进制度化、规范化、法治化建设，提高工作实效，保障产业工人知情权、参与权、表达权、监督权。要继续开展企业民主管理立法调研，在一些省份已经出台《民主管理条例》等地方性法规的基础上，将基层实践中创造的有益做法和成熟经验，及时上升为法律，在国家层面推动企业民主管理立法进程，对各类企事业单位特别是非公有制企业职代会、厂务公开、职工董事职工监事制度的建立、职权、内容、形式、程序，对侵犯产业工人民主权利的违法违规行为的监督机制、责任追究等，作出更有法律效力的刚性规定，使民主管理工作有法可依、有章可循。将民主管理与集体协商、劳动法律监督、企业管理等制度有效衔接，研究探索适应“互联网+”时代要求的“网上职代会”“网上厂务公开”等新形式，有针对性地制定下发企业民主管理政策制度相关规定，推动企业民主管理制度适应新形势新要求，保障和维护产业工人合法权益。

要加强法律监督、推动法律法规贯彻实施。“徒法不足以自行”。好的制度有了，但现实问题不会因一项制度的产生而自动消失。《改革方案》提出，要“支持工会组织发挥监督作用”，“督促企业依法履行社会责任”。就是强调必须加大监督力度，提高用人单位和产业工人守法用法意识，才能让好的制度落地生根，不沦为一纸空文。各级工会要不断提升运用法治思维和法治方式开展工作的能力，配合人大、政协通过执法检查、政协委员视察等，对用人单位贯彻实施劳动法律法规的情况进行监督，督促政府有关部门严格执行法律，纠正用人单位侵害产业工人合法权益的行为。要借助社会资源，大力开展法治宣传，形成推进产业工人法治建设的合力，引导产业工人增强法治意识和法治观念，做到有法必依、执法必严、违法必究。要深入基层、深入实际开展调查研究，广泛征集和认真总结各地、各类企业典型案例，有针对性地制定政策制度，不断加强有关产业工人队伍建设的法治保障。

第二节　完善财政投入机制

推进产业工人队伍建设改革离不开有力的财政支持和资金投入。当前，产业工人队伍建设存在的一些体制机制障碍，如产业工人队伍技能素质总体不高、结构不合理，技术工人总量不足，七成以上农民工为初中及以下文化程度，六成以上没有接受过非农职业技能培训等，一个重要原因就是在职业教育等方面缺乏财力保障，人力资本投入不足。这方面的经费投入，不仅关系到职业教育在教育结构中的地位和发展质量，从长远看，对一个国家的产业发展以及整个经济社会发展都会产生深远影响。因此，要进一步加强国家在职业教育投入方面的主体地位，发挥财政资金的杠杆和撬动作用，引导社会多元投入，形成以政府投入为主、多渠道筹措经费的多元投入体系。

改革生活力，投入促发展。财政是国家治理的基础和重要支柱。党的十八大以来，面对严峻复杂的国内外环境，我国以推进供给侧结构性改革为主线，有效实施积极财政政策，加大对职业教育事业的投入，技能人才培养体系逐步完善，高技能人才队伍不断壮大，为提高劳动者素质、促进就业、推动经济社会发展作出了重要贡献。《改革方案》专门就“完善财政投入机制”作出规定，对充分发挥财政在推进产业工人队伍建设改革中的重要作用提出了新的更高要求。

一是要加大财政职业教育投入。职业教育投入是职业培训事业发展的物质基础，也是衡量一个国家职业培训的重要性及其发展水平的基本指标。财政对职业教育的投入，不仅关系到一个国家职业教育在教育结构中的地位和发展质量，从长远看，对一个国家的产业发展以及整个经济社会发展都会产生深远影响。经过多年的探索和实践，我国职业教育总体投入持续增长，各地逐步建立和完善了以政府投入为主、受教育者合理分担、其他多种渠道筹措经费的投入机制，但是与普通高中教育和普通高等教育相比还存在较大差距。要进一步加强国家在职业教育投入方面的主体地位，在财政扶持上加大力度，发挥财政资金的杠杆和撬动作用，引导社会资本投入，推进以政府投入为主、多渠道筹措教育经费的多元投入体系的发展。要适应转变政府职能和深化财税体制改革的要求，从“重投入”转向更加“重效益”，从事前审批转向事中和事后监管，合理确定补贴标准和对象，不断改进补贴方式，进一步找好优化教育经费投入结构的着力点，确保职业培训经费使用安全、规范、有效。

二是要加大就业专项资金对职业培训补贴的支持力度。就业专项资金使用范围包括：职业介绍补贴；职业培训补贴；职业技能鉴定补贴；社会保险补贴；公益性岗位补贴；高校毕业生见习、求职和特定岗位补贴；特定就业政策补助；创业扶持补助；扶持公共就业服务；小额贷款担保基金和小额担保贷款贴息等。要针对当前产业工人总体技能偏低的现状，提高职业培训补贴支出，改进补贴方式，合理确定补贴标准和补贴对象，提高就业专项资金使用效率。鼓励有条件的地区安排经费，对职业培训教材开发、师资培训、职业技能竞赛、评选表彰等基础工作给予支持。

三是要落实职业技能鉴定补贴政策。职业技能鉴定补贴是指对持《再就业优惠证》人员初次申请参加技能鉴定的补贴。按照《国务院关于进一步加强就业再就业工作的通知》（国发〔2005〕36 号）以及相关规定，对持《再就业优惠证》人员初次申请参加技能鉴定、生活确有困难的，可由鉴定机构向当地劳动保障部门申请职业技能鉴定补贴，补贴标准和具体办法由当地政府制定，所需资金由地方财政解决。职业技能鉴定补贴是党和政府实施扩大再就业、提高再就业质量的一项重大惠民政策，是通过倾斜性补贴政策，发挥财政兜底保障作用，进一步扫除影响再就业人员平等就业的障碍。在政策具体落实过程中，要增强补贴政策执行的规范性、补贴信息的透明性、补贴监督的严肃性、风险防控的有效性、资金使用的绩效性，加强和规范补贴管理，不断提高科学化和法治化水平，确保职业技能鉴定补贴政策落到实处。

四是要将高技能人才队伍建设经费纳入各级政府人才工作经费预算。对参加技师、高级技师教育培训并获得职业资格证书或职业技能等级证书的产业工人，给予一定的培训费补贴。与普通教育相比，职业培训特别是针对高技能人才的培训对于产业工人个人和家庭而言是一种成本较高的教育类型，经费不足势必会影响其发展速度、质量和水平。各级政府要完善经费稳定投入机制，建立与高技能人才培养要求相适应的财政投入制度，健全激励政策，有效减轻产业工人在分摊职业培训成本方面的负担。要完善培训补贴政策体系，针对技师、高级技师培训要进一步健全公平公正、多元投入、规范高效的补贴政策，充分调动产业工人参加培训的积极性主动性，严查“重复培训”“虚假培训”等问题，确保资金有效使用。

五是要加强对各项投入和专项经费使用情况的绩效考评。要科学制定考评办法，对各项考评的适用范围、组织机构、考评内容、考评原则、考评方法、考评时间、实施主体等进行详细规定。要将筹钱、花钱、管钱作为一个整体来考虑，把绩效管理理念贯穿经费分配、使用、管理的全过程，对每一笔经费使用必须跟踪问效，坚持“用钱必问效，无效必问责”，鼓励先进鞭策落后，把考评要求固化到工作流程，注重运用信息化手段，实现绩效考评的程序化和常态化，提高资金使用效益。要把对经费使用情况的绩效考评与落实从严治党要求、加强队伍建设结合起来，重点防范业务风险和廉政风险，严格落实考评办法，完善财务管理制度，做到账目清晰、列支规范，防止出现造假行为，坚决杜绝违规违纪问题的发生。

第三节　建立社会多元投入机制

推进产业工人队伍建设改革离不开有力的资金投入。近年来，党中央、国务院出台了《关于加强职工教育工作的决定》《国家中长期人才发展规划纲要（2010—2020年）》等政策文件，都对企业技术工人的培养提出了要求。如果没有投入作保障，企业技术工人的培养目标很难落地见效。因此，必须加大技能人才培养资金投入力度，除了要发挥财政资金的杠杆和撬动作用外，还要大力引导社会多元投入，完善政府、企业、社会多渠道投入资金机制，形成以政府投入为主、多渠道筹措经费的多元投入体系，是强化产业工人队伍建设支撑保障的重要方面。

一、明确企业在产业工人职业培训中的主体地位

技能人才的成长有其自身规律，技能水平的培养和提高更多依靠动手和实践。可以说，企业是产业工人提高职业素质的熔炉。劳动者从准备就业到进入工作岗位，乃至职业生涯各个发展阶段不断提升技能的过程，都是在企业完成的。职工技术技能的提升，将极大地促进企业提高劳动生产率。反之，企业技工培养存在问题，既阻碍企业的发展，也是制约我国由“制造大国”向“创造大国”发展的瓶颈。

《改革方案》多次提到企业要在产业工人职业教育培训中发挥作用，“落实完善鼓励企业、社会组织加大职业学校教育和职业培训投入的政策措施”，“落实企业职工教育经费”，“支持企业举办或参与举办职业教育”，这都明确了企业在产业工人职业教育培训中的主体地位。作为生产者，企业既生产了产品，也生产着数以千万计的技术工人。作为用人单位，企业也最能感知大到整个用工市场、小到职工个人在职业培训领域的强烈需求。所以，企业应作为重要办学主体，从“要我办学”向“我要办学”转变。要鼓励企业进行产教融合、促进校企合作育人，支持企业举办或参与职业教育，鼓励其与职业院校合作，出资建设培训基地。鼓励企业建立劳模（高技能人才）创新工作

室，使优秀技师、技工更好发挥引领作用。企业更要落实主体责任，进一步解放思想，加大投入，采取多种方式举办职业教育。

二、落实企业职工经费，完善经费的投入与监督制度

职工教育经费是产业工人技能形成体系的重要保障。但一些企业尤其是民营和中小企业，不愿自己培养技术工人。有些国有大中型企业，因担心培养的技工流失，也不愿投入过多开展教育培训。职工教育经费往往缺乏有效监管，大部分企业未按规定比例足额提取职工教育经费，提取的也较少用于职工教育培训。

为此，《改革方案》提出，“落实企业职工教育经费，完善经费投入与监督制度，允许企业培训费用列入成本并按规定在税前扣除。支持企业举办或参与举办职业教育”。这条举措重申了企业在落实职工教育经费中的重要地位和职责。要保障职工教育经费落实到位，必须调动和发挥企业的积极性。一方面，对足额提取职工教育经费、符合一定条件的企业，将培训经费作为企业成本税前扣除，可以刺激企业依照规定落实职工教育经费；另一方面，支持企业举办或参与举办职业教育，也进一步鼓励企业将职工教育经费用之有道、用之于民。总之，应通过税收减免等方式，鼓励企业尤其是国有大中型企业率先参与到产教融合、校企合作中来。还要完善经费监督制度，加强对企业职工教育经费的检查，督促企业按比例提取和使用职工教育经费。

三、引导社会资本进入职业教育领域，支持民办职业教育

强化产业工人队伍建设支撑保障，应充分调动社会各方面积极性。目前，国家、社会、企业的职业培训体系建设相对滞后，培训覆盖面有限，培训类型少、层次低，培训主体单一、提供不足，限制了劳动者素质和就业能力的提升。一些职业学校还存在人才培养观念、教学方法比较陈旧，实习实训条件不足，专业重复建设、低水平建设、“双师型”教师数量不足等问题，导致培训质量不能满足升级转型需求，培养出的技术工人在适应企业需求方面差强人意。而在高等教育方面，也缺乏以职业需求为导向、以实践能力培养为

重点、以产学结合为途径的专业学位培养模式。这就需要引进社会资本对职业教育领域进行多元化的补充。

《改革方案》提出，“落实完善引导社会资本进入职业教育领域的优惠扶持政策，支持各类办学主体通过独资、合资、合作等形式举办民办职业教育”。这条举措释放了政策优惠扶持信号，为职业教育开疆辟壤奠定了基础。要鼓励各类办学主体，如行业协会、社会组织等进驻职业教育，充分发挥各自在经费投入、实训基地、教学管理等方面的优势，填补职业教育领域的空白。要建立健全多渠道筹措经费的投入机制，整合培训资源，减轻产业工人学习的经济负担。要加大对实训基地的建设改造投入，充分发挥其作用，增强职业技能培训的实践性和实效性，为产业工人队伍建设添砖加瓦。

第四节　完善产业工人劳动经济权益保障机制

劳动经济权益是产业工人的核心权益，涵盖了广大产业工人最关心最直接最现实的利益问题、最操心最忧虑最急迫的实际问题。完善产业工人劳动经济权益保障机制，不仅有利于充分调动产业工人的劳动热情和创造潜能，也是构建和谐劳动关系的出发点和落脚点。维权要讲全面，也要讲重点，综合起来看，劳动就业、收入分配、社会保障、安全卫生等问题，都应摆上重要议事日程。近年来，党中央、国务院在维护职工劳动经济权益方面作出制度安排和重要举措，出台一系列制度文件。比如，关于就业、坚持就业优先战略、实现比较充分和高质量就业被写入“十三五”规划；《“十三五”促进就业规划》强调贯彻劳动者自主就业、市场调节就业、政府促进就业和鼓励创业的方针，将职工安置摆在化解过剩产能工作的突出位置。再比如，关于收入分配，《关于深化收入分配制度改革的若干意见》强调继续完善劳动、资本、技术、管理等要素按贡献参与分配的初次分配机制，实现劳动报酬增长和劳动生产率提高同步；《关于激发重点群体活力带动城乡居民增收的实施意见》提出，深化收入分配制度改革，多措并举提高城乡居民收入，等等。因此，《改革方案》就完善产业工人劳动经济权益保障机制明确举措，有着十分重要的现实意义。

一、创造平等就业环境，实现更高质量就业

就业是13亿多人口最大的民生。近年来，在一系列政策“组合拳”下，我国在经济增速换挡的同时，劳动就业形势保持了基本稳定格局，就业总量持续增加，就业结构逐步优化。2012—2016年，国内生产总值增速分别为7.9%、7.8%、7.3%、6.9%、6.7%，城镇新增就业则连续4年保持在1300万人以上，城镇登记失业率稳定在4.0%~4.1%的区间。但目前产业工人在劳动就业方面，还存在着职业发展通道不畅、技能人才流动存在体制机制障碍等问题。为此，《改革方案》提出，“创造平等就业环境，保障就业机会公平，实现更高质量就业”，这既是对《“十三五”促进就业规划》的呼应，又是针对产业工人群体开出的处方，无疑给产业工人实现充分就业、高质量就业拓展了更广阔的空间。要实施就业优先战略和更加积极的就业政策，在落实好已有政策的同时，推出促就业新措施：一是制定财税、金融、产业等重大经济政策时，要综合评价对就业的影响，促进经济增长与扩大就业联动，结构优化与就业转型协同。二是拓展就业新空间。持续推进“双创”，发展创业载体，将符合条件的新业态企业纳入鼓励创业创新优惠政策和吸纳就业扶持政策范围。探索适应灵活就业的失业、工伤保险等保障方式。鼓励开放共享基础性专利或政府购买技术资源，支持小微企业协同创新。三是支持重点群体就业。在制定产业转移、转型、升级、改造等政策中，要重点考虑产业工人转岗和就业需求，解决结构性就业矛盾，加强对灵活就业、新就业形态的扶持，促进劳动者自主就业，维护劳动者平等就业权利。对去过剩产能任务重、待岗职工多的重点困难地区加大就业援助。支持地方通过财政出资引导社会资本投入，设立高校毕业生就业创业基金。鼓励地方对符合条件的高校毕业生、就业困难人员创业给予一次性补贴。扩大高校毕业生就业见习补贴使用范围，艰苦边远地区、老工业基地、国家级贫困县可将见习对象扩大到离校未就业中职毕业生。把贫困残疾人家庭、贫困家庭高校毕业生等纳入求职创业补贴范围。对

农民合作社等吸纳贫困家庭劳动力并稳定就业1年以上的可给予奖补。进一步落实好退役军人安置等政策。四是强化职业培训和就业服务。依法参加失业保险3年以上，当年取得职业资格或技能等级证书的企业职工可申请技能提升补贴。推进职业培训对新生代农民工全覆盖。简化劳动者求职手续，推动建立入职定点体检和结果互认机制。五是实施留学人员回国创业创新启动支持计划，鼓励以知识产权等入股创办企业。简化学历认证等手续，依法为重点引进人才和高层次留学人才申请永久居留提供便利。

二、完善收入分配制度，维护劳动收入的主体地位

党的十八届五中全会提出创新、协调、绿色、开放、共享的发展理念，强调共享发展是中国特色社会主义的本质要求，要作出更有效的制度安排，使全体人民在共建共享发展中有更多获得感。收入分配制度是实现共享发展的基础和重要内容。2013年2月国务院批转的发展改革委、财政部、人力资源和社会保障部制定的《关于深化收入分配制度改革的若干意见》首次提出，要维护劳动收入的主体地位。实现共享发展，要求必须坚持按劳分配为主体，维护劳动收入主体地位，坚持居民收入增长和经济增长同步、劳动报酬提高和劳动生产率提高同步，提高劳动报酬在初次分配中的比重，不断增进人民福祉。

收入分配是产业工人劳动经济权益的核心内容。在经济高速发展中，产业工人群体收入虽逐年上升，但慢于GDP增速，目前仍处于低位。《改革方案》根据现有法规政策，重申“完善工资平等协商机制、正常增长机制、支付保障机制，健全向一线产业工人倾斜的分配制度”。这就要求高度重视劳动要素在收入分配中的重要作用，按照共享发展的要求，通过深化工资收入分配制度改革，发挥劳动关系协调机制的作用，推行企业工资集体协商制度，形成反映人力资源市场供求关系和企业经济效益的工资决定机制和正常增长机制，健全工资支付监控制度，建立健全公正合理的收入分配秩序，使收入分配更多地向劳动和技术倾斜，实现劳动报酬和劳动生产率增长同步，调整资本、技术、管理和劳动等全要素不合理比价，排除阻碍劳动者参与发

展、分享发展成果的障碍，提高产业工人特别是技能人才的薪酬水平。《改革方案》还提出，要“落实产业工人参与分配决定的权利，维护劳动收入的主体地位”。这充分肯定了产业工人在收入分配制度中的话语权，推动了企业建立技术工人创新成果按要素参与分配的制度。这条举措将激发产业工人的积极性主动性创造性，对技术工人开展技术创新产生引导作用。

三、健全社会保险制度，做好转移接续

党的十八大以来，我国民生保障力度不断增强，城乡居民养老、医疗、低保等保障水平不断提高。但目前城镇依然存在针对不同人群的社保制度，分割严重、统合性差，跨省转移接续存在障碍；部分工人未纳入制度覆盖范围，不同单位、职业身份的工人享有的社保权益存在较大差异，农民工参加城镇职工基本养老保险和基本医疗保险的比例依然较低。为此，《改革方案》提出，“健全社会保险制度，提高统筹层次，稳步提高社会保障水平，做好跨地区、行业、单位流动的社会保险关系接续”。这就要求进一步完善产业工人的养老、失业、医疗等社会保险制度，提高社会保障水平和统筹层次，加强各项制度的衔接，重点解决在不同地区、不同行业、不同单位之间流动的社会保险关系转移接续问题，提高农民工、劳务派遣工等职工群体的参保率。推动实现基本公共服务均等化，促进农民工、困难企业职工公平享有社会保障权利。企业要做好补充保险工作，注意向生产一线的工人倾斜。

四、加强安全生产和职业健康工作，提高产业工人健康素质

目前，产业工人劳动安全卫生权益被侵害现象严重，部分企业职工的休息休假权没有或很难得到保障，安全生产和卫生条件存在不符合国家标准的情况，职工因工伤亡和患职业病情况频繁发生。《改革方案》中提出的“加强安全生产和职业健康工作，改善劳动条件，提高产业工人健康素质”，是对以人民为中心的发展思想的具体体现，是对《“健康中国2030”规划纲要》要求的落实。要把关心产业工人

健康、提升产业工人健康素质摆到重要工作日程，努力提升广大产业工人的健康素养和健康水平。要加强职业病防治，努力保障产业工人生命安全和健康权益。严格执行安全生产法律法规，全面落实安全生产责任制，坚决遏制重特大安全事故发生。

五、规范劳务派遣用工，保障其合法权益

劳务派遣用工一直是制约产业工人合法权益实现的突出问题。劳务派遣工工资增长难、培训和晋升机会少等问题还不同程度存在，“同工不同酬”“同工不同权”现象还比较突出。《改革方案》针对劳务派遣用工提出要求：“规范劳务派遣用工，保障其合法权益。”这意味着，使用劳务派遣工，必须严格按照现行的法律政策。要贯彻落实《劳动合同法》，遏制滥用劳务派遣工行为，完善企业用工体制，通过加强法律监督，引导企业与劳务派遣工签订规范的劳动合同；健全劳动监察和争议处理机制，让法律成为劳务派遣工权益的守护神。

第五节 深化产业工人队伍建设理论政策研究

理论是实践的先导，政策是行动的保障。推进产业工人队伍建设改革，必须深化理论政策的研究与创新，发挥其先导先行作用。事实上，在就制定《改革方案》进行的调研中，社会各方面对于改革方案如何体现理论性、前瞻性和指导性便寄予厚望，普遍认为，只有在理论政策层面把产业工人队伍建设的指导思想、总体规划、长远目标、主要任务、具体举措等讲清楚了，在实际操作中才能方向明确、推进坚决，更具实践性、针对性和可操作性。

一、定期开展产业工人队伍状况调查，加强对产业工人问题理论研究，不断丰富和发展产业工人理论

相关理论研究滞后，造成概念不清、认识模糊，是推进产业工人队伍建设首先遇到的突出问题。什么是产业工人？我国有多少产业工人？产业工人与工人阶级是什么关系？诸如此类的问题，很长一段时间以来，没有理论上的明确回答，更谈不上政策上的清晰界定。社会

各界对产业工人的内涵和外延界定不清晰，划分标准不明确，对一些新产业、新业态、新领域的从业者、新阶层人士、第三产业职工等群体与产业工人之间的划分也比较模糊，不仅影响到相关政策措施的制定实施，也影响到广大产业工人的自我认知。

为此，《改革方案》明确提出，“定期开展产业工人队伍状况调查，加强对产业工人问题理论研究”，“不断丰富和发展产业工人理论”。显然，这是推进产业工人队伍建设的基础性工作。

在全国总工会层面，一直有着开展调查研究的优良传统，如自1982年以来，全总每5年开展一次全国职工队伍状况调查，迄今已开展7次，形成一批有价值、高质量的研究报告、专题报告，为加强党对工人阶级和工会工作的领导、准确把握一个时期职工队伍发展状况、加强和改进工会工作提供了重要参考。2017年开展第八次全国职工队伍状况调查。各地方工会、产业工会和全总有关部门也经常根据工作实际，结合本部门、本产业和本地区特点开展各项专题调研，努力丰富和发展产业工人理论。

当前加大产业工人问题调查研究和理论研究力度，首先要立足我国经济发展进入新常态、改革处于攻坚期、社会结构深刻变动的新形势，全面了解产业工人队伍总体状况和内部结构，准确把握当前产业工人队伍发展变化的新情况、新趋势、新特征，深化对产业工人发展规律和特点的认识。善于运用信息化技术手段，做好与产业工人队伍相关的基础性数据统计和分析工作，为产业工人队伍建设提供数据支撑。

其次，要努力查找产业工人队伍建设面临的突出问题，探寻破解之策。比如，新技术新业态新模式蓬勃发展对产业工人队伍、就业方式和劳动关系的影响，互联网技术和新媒体广泛应用对产业工人学习、工作、生活、思想等带来的影响，产业工人劳动经济权益、民主政治权利、精神文化需求等状况，产业工人队伍技术技能素质总体状况，等等。

最后，力求对一些产业工人和社会广泛关注的问题作出理论回答。比如，对产业工人的内涵和外延作出明确界定。再如，在中央早就明确了“进城就业的农民工已经成为产业工人的重要组成部分”的前提下，对其作用、地位、培育及发展进一步作出理论和政策梳理。总之，只有与时俱进地丰富发展产业工人理论，才能廓清各种模糊认识，对有关的热点问题、思想疑虑及时释疑解惑。

二、了解借鉴国外产业工人队伍建设的有益做法，制定完善相关政策

今天，中国 GDP 已居全球第二。随着工业化的快速发展，我国已成为世界制造业大国，有约 220 种工业品产量居世界第一。在这一过程中，我国产业工人队伍也不断壮大，其国际竞争力和国际地位不断提高。但也必须看到，受文化程度较低、创新能力不强等多种因素的影响，我国产业工人在许多方面相较部分发达国家还有不小的距离。总体看，过去 20 年，我国产业工人平均生产率不及美国同项指标的 1/3；制造业劳动生产率增加值率仅为美国的 4.5%。

因此，推进我国产业工人队伍建设，尽快造就一支有理想守信念、懂技术会创新、敢担当讲奉献的宏大的产业工人队伍，必须以全球的视野和开放的胸怀，“了解借鉴国外产业工人队伍建设的有益做法”，博采众长、为我所用，进而制定完善我们的相关政策。

此次《改革方案》明确提出“构建产业工人技能形成体系”，正式用“技能形成体系”取代以往职业教育和培训的概念，这在我国政策文件中还是第一次。“技能形成体系”意味着在国家层面整合各部门的资源和力量，以集体的方式、产业部门和教育部门合作的方式培养劳动者技能。然而，我国对“技能形成体系”的研究迄今仍比较有限。基于这样的现实，无论是德国的双元制技能形成体系，还是英美推进职业教育“大升级”的探索，都值得我们研究借鉴。他们平衡多方利益冲突，构建起责任分担的技能投资制度、标准化与可迁移的技能供应制度、有效的技能评价制度、公平可信的技能使用制度以及多方支持的社会合作制度，最终探出一条高技能、高工资、高附加值路径的做法经验，值得在我们即将展开的改革实践中借鉴。

同样，有关各方能否确立“人力资本投入”的理念，是贯彻落实

改革方案的另一关键所在。无论是加大职业教育和职业培训的投入力度，还是建立技术工人创新成果按要素参与分配的制度，或是健全向一线产业工人倾斜的分配制度，提高高技能人才的待遇，都必须建立在优先进行人力资本投资尤其是职业技术培训投资的认识基础之上。而在这方面，我们同样需要学习国外已有的做法和成熟的经验，再结合我国实际，制定完善相关的政策措施。

三、在各级党校、行政学院和高等院校开设相关课程，加强有关产业工人问题的教学科研

党中央历来高度重视产业工人队伍建设。党的十八大以来，以习近平同志为核心的党中央站在党和国家事业全局和战略的高度，围绕加强产业工人队伍建设，作出重要制度安排，制定一系列政策措施。从实践来看，各地贯彻落实情况不平衡，有的地方和单位在执行中表现不尽如人意。究其因，与当前社会各界对产业工人问题认识不够、重视不足不无关系。一些党政领导干部对劳动关系理论、工运理论的认知滞后于我国劳动力市场化的实际程度，对产业工人的性质、地位、作用等了解不多，影响到产业工人队伍建设工作的实际推进。

因此，《改革方案》提出，“在各级党校、行政学院和高等院校开设相关课程，加强有关产业工人问题的教学科研”，具有现实针对性。亟须努力创造各种条件，力推工运理论、劳动关系理论进课堂，在各级党校、行政学院、高等院校开设相关课程，使之成为党的各级领导干部上岗培训、党校学习的重要内容，成为大学生的必修课程，让他们了解把握产业工人理论的基本观点和精神实质，提高党政领导干部对推进产业工人队伍建设改革的认知水平和重视程度。其中，工会院校更应主动担当，发挥排头兵作用。

鼓励社会各界重视产业工人问题研究，党政机关及其研究机构、高校、社会科学研究院（所）和社会各界要加强与工运理论研究部门的联系合作，就新时期产业工人队伍的新情况新问题等加大科研力度，集合学界的智慧和力量，加快相应理论的创新发展，为更好地推进产业工人队伍建设改革，加强舆论引导，提供理论方向和理论支持。反之，从教

学科研服务党和国家工作大局而言，这也是各级党校、行政学院和高等院校的责任和使命所在。

第六节　营造尊重劳动、崇尚技能、鼓励创造的社会氛围

《改革方案》提出，“营造尊重劳动、崇尚技能、鼓励创造的社会氛围”，这是优化产业工人成长环境的重要举措。

长期以来，虽然我们一直在提倡劳动无贵贱，但现实中依然普遍存在唯学历的评价观，社会对产业工人包括高技能人才的认识仍有偏差，“重学历、轻技能；重理论、轻操作；重装备、轻技工”的观念还未根本上得到扭转。有一定学历的人更愿意去当金领、白领，愿意在生产一线从事生产操作的人相对较少。显然，要造就一支有理想守信念、懂技术会创新、敢担当讲奉献的宏大的产业工人队伍，不仅要提高产业工人的经济地位，还要在全社会营造尊重工人的良好氛围，给予产业工人更高的社会地位。

一、组织中央和地方主流媒体加大对产业工人的宣传力度，运用微博、微信、移动客户端等新媒体，开展分众化、互动式宣传

营造尊重劳动、崇尚技能、鼓励创造的社会氛围，中央和地方主流媒体首先要承担起社会责任，将其作为政治任务来抓。创新宣传方式方法，拓展平台渠道，在重要版面、黄金时段和优秀栏目中加大对产业工人的宣传力度，进而引导各类新闻媒体加大宣传产业工人的力度。通过强势的舆论宣传，形成国家层面的导向，使全社会都充分认识产业工人在社会主义现代化建设中的地位、作用，创设有利于产业工人成长的舆论环境。

在这方面，“大国工匠”品牌在全社会叫响，是一个成功的范例。2015 年“五一”期间，央视新闻推出 8 集系列节目《大国工匠》，讲述了 8 个工匠“8 双劳动的手”所缔造的神话，节目播出后反响巨大，工匠的故事迅速走红。之后，在中宣部重视支持下，全国总工会深度

介入，连续两年与中央电视台联合制作《大国工匠》系列节目，每一季播出都引发热烈反响，在全社会大力弘扬了劳模精神、劳动精神、工匠精神，“工匠精神”还入榜2016年十大网络流行语。《大国工匠》爆红，固然与它在深层次体现了呼唤工匠精神、“大国工匠”的社会共识密不可分，但也印证了舆论宣传的重要性。

当然，在科学技术日新月异的今天，舆论宣传也亟须创新思路理念和方式方法，而且越是主旋律、正能量的宣传，越要注重传播的艺术。当前，要适应受众获取信息渠道、方式、习惯的变化，充分运用微博、微信、手机APP等新媒体，开展分众化、互动式宣传，用生动活泼、灵活多样、喜闻乐见的方式，变说教为倾听、变号召为引导、变被动为互动，让受众爱看爱读、能信能服。

加大对产业工人的宣传力度，工会系统媒体首当其冲。要在发挥工人报刊、文化宫、俱乐部等宣传阵地作用的基础上，借《全国工会网上工作纲要（2017—2020年）》出台实施的东风，打造联系服务产业工人的新媒体矩阵，通过“指尖上的互动”，做强网上舆论引导工作，推动形成尊重产业工人、崇尚技能创造的社会共识。

二、引导广大文艺工作者创作更多展现产业工人风采的优秀文艺作品

文艺作品是反映现实生活的一面镜子，是对人民群众现实生活的反映和折射。数以亿计的产业工人尽管是国家的脊梁、社会的支柱，可现实中，铺天盖地的影视节目，很少看见工业题材的，至于反映产业工人的更是微乎其微，折射出产业工人政治、经济、社会地位理论和现实之间的反差。

其实，工业题材文艺作品在新中国成立后曾经有过辉煌的历史，如《桥》《原动力》《乘风破浪》《在和平的日子里》《百炼成钢》等作品，均在社会各界产生了深远影响。新时期又涌现出《乔厂长上任记》《大厂》《沉重的翅膀》等优秀作品。然而，受文艺作品多元化、娱乐化等冲击，在信息传播更加便捷的今天，工业题材文艺创作反而

走向低迷。社会范围内营造工业文化的氛围不浓，舆论导向宣传有偏差，媒体上受宠的是帝王将相、才子佳人，“白骨精”“高富帅”“白富美”登堂入室，作为社会财富创造主体的产业工人被文学边缘化，不仅不能从精神层面满足产业工人的需求，而且影响到产业工人的认同感、自信心，影响到人们的职业选择。

习近平总书记在文艺工作座谈会上的讲话中指出，“文艺不能在市场经济大潮中迷失方向，不能在为什么人的问题上发生偏差，否则文艺就没有生命力”。“真正做到了以人民为中心，文艺才能发挥最大正能量。”发展社会主义市场经济，实现中国梦，不能无视工人的存在。推进产业工人队伍建设改革，文艺创作领域也需给力。把更多的工人形象请回到荧屏和舞台来，展示在文艺作品中，是文艺工作者义不容辞的责任。

综观文艺发展历史，伴随工业化和城镇化的进程，城市工业题材、产业工人题材在当代文艺中占据越来越重要的地位。在社会关系深刻变化、利益结构深刻调整的时期，有关产业工人的一切都可以成为文艺工作者的素材宝库和创作源泉。用文学的方式、艺术的语言反映产业工人的喜怒哀乐，为普普通通的产业工人树碑立传，既有利于全社会的共同关注，弘扬他们的时代风采，促成他们面临困难的解决，也有利于文艺工作者作品的传世、精神的升华，扩大在产业工人中的影响力与知名度，彰显文艺工作者的道德良心和时代代言人形象。故此，有关方面应加大政策引导力度，对于工业、工人题材的文艺创作，在工作环境、市场营销等方面给予鼎力支持；鼓励广大文艺工作者植根现实生活、紧跟时代潮流，沉下心去体验工人的喜怒哀乐、真情实感，按艺术规律创作，为我们这个时代奉上更多展现产业工人风采的优秀文艺作品。

2012 年，全国总工会、文化部、中国文联、中国作协共同组织开展“文艺工作者深入职工创作实践”活动，组织文艺工作者深入职工群众，创作文化精品，培训基层文化骨干队伍，掀起送慰问演出到基层的活动热潮，满足职工群众精神文化需求。2013 年开始，全国总工会在广大职工中开展“中国梦·劳动美”主题教育活动，激发广大职工以领跑者步伐展示中国梦，以劳动者佳绩共创中国梦，以创新者姿态拥抱中国梦，汇聚起追梦圆梦的正能量。适应新的形势，各级工会要积极整合资源和力量，形式多样地组织艺术工作者深入职工创作实践活动，依托工人文化宫和工会系统文艺团体，搭建职工文艺创作平台，培育基层文化骨干队伍，繁荣职工文艺创作，既满足产业工人多层次、多样化、多方面的精神文化需求，又努力通过文艺创作让越来越多的优秀产业工人从幕后走到台前，成为社会知晓的“名人”、被人称道的“能人”和让人羡慕的“红人”，做到报上有名、电台有声、电视有影、网上有论，增强产业工人荣誉感、自豪感和归属感。

三、组织劳模、工匠进学校、进课堂，进企业、进班组，奏响“工人伟大、劳动光荣”的时代主旋律

技能人才短缺并且队伍呈老化趋势，已成为制约我国制造业发展的瓶颈。但年轻人普遍不愿意当工人，即便是青年工人，也不愿意学技能的现象又客观存在。面对这一实际，如何以更丰富的载体、更生动的方式，在全社会奏响“工人伟大、劳动光荣”的时代主旋律，增强对产业工人的职业认同感，确保产业工人队伍后继有人，尤为迫切而重要。《改革方案》明确提出“组织劳模、工匠进学校、进课堂，进企业、进班组”，是具有现实针对性的要求。

无论是组织劳模、工匠进学校、进课堂，还是进企业、进班组，其核心是力推劳模精神、劳动精神、工匠精神融入育人实践。

青少年是国家和民族的未来，是产业工人队伍的重要储备力量。要在中小学加强劳动意识劳动习惯的养成教育，通过广泛开展劳模、工匠进校园活动，推进青少年劳动技术技能培训等，将工业文化、工厂教育作为素质教育一部分强化源头滋养，让广大青少年从小树立崇尚劳动、尊重劳动者的观念。

大学教育特别是职校教育，应聚焦立德树人根本任务，在教育教学各个环节融入职业精神、职业素养的培育，通过组织研究编写“劳模精神导读”“工匠教学案例”等教学参考资料，或针对专业课程难

点或学生现实思想困惑，邀请在技术、业务上有专长，具有较高理论水平、实践经验的劳模进行现身说法，推动劳模精神、劳动精神、工匠精神进课堂，将职业精神、职业素养的培育融入教育教学各个环节，潜移默化地引导学生树立正确的价值观、就业观。

要积极推进劳模、工匠进企业、进班组，因企制宜地促进劳模精神、劳动精神、工匠精神融入企业文化、职工文化，成为大家的共同价值观和行为意识，鼓励产业工人把职业作为事业，把谋生与实现自身价值融为一体，激发爱岗敬业、提升技能的内生动力。

有关方面要积极为此创造条件，如加大对劳模精神、劳动精神、工匠精神的研究，深入挖掘蕴含其中的育人价值；建立劳模、工匠讲师团数据库，推进劳模、工匠讲师团进校园巡讲活动经常化；设立劳模、工匠育人实践基地，引导学生在实践中内化劳模精神、劳动精神、工匠精神，等等。

第八章　在产业工人队伍建设改革中充分发挥工会组织的作用

推进产业工人队伍建设改革，是一项综合性、全局性的系统工程，涉及经济建设、政治建设、文化建设、社会建设等领域，政策性强、影响力大，需要全社会方方面面共同参与、一起发力。《改革方案》明确指出，“构建合力推进产业工人队伍建设改革的工作格局。坚持党委统一领导，政府有关部门各司其职，工会、行业协会、企业代表组织充分发挥作用，统筹社会组织的协同力量；建立贯彻落实协调机制，由全国总工会牵头、各相关部门参与，加强对产业工人队伍建设改革的宏观指导、政策协调和组织推进”，“提高产业工人队伍建设科学化水平”。从牵头制定《改革方案》到牵头抓好贯彻落实，充分体现了党中央对工会工作的高度重视，对工会组织寄予厚望。可以说，推进产业工人队伍建设改革是党中央赋予工会组织的一项重大政治任务。

第一节　推进产业工人队伍建设改革是工会的重要使命

推进产业工人队伍建设改革，是以习近平同志为核心的党中央着眼于巩固党的执政基础、实施制造强国战略、全面提高产业工人素质作出的重大部署，事关改革发展稳定大局，事关国家和民族的长远大业，事关产业工人的根本利益。各级工会要站在党和国家工作大局的高度，深刻认识工会组织在推进新时期产业工人队伍建设改革中肩负的重要职责，把思想和行动统一到党中央决策部署上来，以高度的政治责任感和强烈的重要使命感推进产业工人队伍建设改革，不辜负党的重托和广大产业工人的期望。

一、把推进产业工人队伍建设改革作为重要使命是由我国工会性质地位和职能作用决定的

我国工会是党领导的职工自愿结合的工人阶级群众组织，具有高度的政治性、突出的先进性和鲜明的群众性。从性质地位上看，我国工会是党联系职工群众的桥梁和纽带，是国家政权的重要社会支柱，是职工利益的代表者和维护者，也是职工群众提升自身素质的“大学校”。这种性质地位，决定了工会必然要以发展工人阶级先进性、加强产业工人队伍建设为己任，作为一项长期的战略任务来抓。从职能作用来看，我国工会全面履行维护、建设、参与、教育4项社会职能，《中国工会章程》明确规定：中国工会动员和组织职工积极参加建设和改革；代表和组织职工参与国家和社会事务管理，参与企业、事业单位和机关的民主管理；教育职工提高思想道德素质和科学文化素质，不断发展工人阶级先进性；坚持组织起来、切实维权的工作方针，维护职工的经济、政治、文化和社会权利。这4个方面的内容，与政治上保证、制度上落实、素质上提高、权益上维护这一产业工人队伍建设改革的总体思路是根本一致的。由此可见，推进产业工人队伍建设改革是工会的职责所在，也是保持和增强政治性、先进性、群众性的内在要求。工会只有全面履行各项社会职能，大力推进产业工人队伍建设改革，才能更好地承担起引导广大产业工人听党话跟党走的政治责任、组织动员广大产业工人在改革发展稳定第一线建功立业，也才能在推动国家发展中实现好、维护好、发展好广大产业工人的现实利益和长远利益。

二、把推进产业工人队伍建设作为重要使命是工会一以贯之的优良传统

回顾我国工运事业在党领导下走过的波澜壮阔的历程，广大产业工人与工运事业同步伐、共成长，一部辉煌的工会奋斗史，也是产业工人队伍成长、发展、壮大史。新民主主义革命时期，工会在党的领

导下，成立劳动补习学校、工人学校，在传授文化、科学知识中，着重宣传马列主义和革命道理，启发产业工人的阶级觉悟，有力推动了产业工人从自在阶级转变为自为阶级，为夺取新民主主义革命胜利、实现民族独立和人民解放建立了历史功勋。社会主义革命和建设时期，特别是在新中国成立后17年间，工会实际上主持了全国职工教育日常工作，创办各级各类职工业余教育组织，大力开展以扫除文盲为中心的业务文化教育和以技术培训为中心的业余技术学习，极大地提高了产业工人的文化素质、技能水平和国家主人翁意识，为社会主义革命和建设事业创造了光辉业绩。改革开放新时期，工会充分发挥“大学校”作用，紧紧围绕发展工人阶级先进性，帮助提高产业工人队伍的思想道德素质、科学文化素质和技术技能素质，产业工人队伍不断壮大，素质全面提高，结构更加优化，面貌焕然一新，先进性不断增强，为推动改革开放和社会主义现代化建设作出了重要贡献。

党的十八大以来，以习近平同志为核心的党中央高度重视工人阶级和产业工人队伍建设，对发挥工会在产业工人队伍建设中的作用提出了明确要求。习近平总书记强调，工会要在提高职工队伍整体素质上出实招、办实事、敢创新，不断拓展职工成长成才空间，着力培养造就一大批知识型、技术型、创新型的高素质职工。当前，我国正处于全面建成小康社会决胜阶段，改革进入深水区，经济发展进入新常态，供给侧结构性改革深入推进。新一轮科技革命和产业变革正在兴起，新技术、新业态、新模式蓬勃发展，共享经济、数字经济大量涌现，产业经济结构深刻调整，对产业工人队伍建设提出了新的要求。产业工人队伍规模迅速壮大，内部结构更趋复杂，经济关系、劳动关系和社会利益关系更加复杂多元，对产业工人队伍建设带来了新的挑战。各级工会要认真贯彻习近平总书记关于工人阶级和工会工作的重要论述，适应新形势新任务新要求，积极推动《改革方案》具体举措落地见效，通过扎实开展维护产业工人合法权益和服务产业工人工作，引导广大产业工人立足本职、创新创造，在实现中华民族伟大复兴中国梦的伟大实践中不断谱写壮丽篇章。

第二节　立足职能定位推动改革举措落地生根

《改革方案》提出了加强和改进产业工人队伍思想政治建设、构建产业工人技能形成体系、运用互联网促进产业工人队伍建设、创新产业工人发展制度、强化产业工人队伍建设支撑保障5个方面25条改革举措，涉及产业工人的思想引领、技能提升、作用发挥、支撑保障等方面的体制机制，关系到党委、人大、政府、政协和工会等多个部门，许多工作都与工会有关。工会要积极运用党政和社会等各方面资源，加强对产业工人队伍建设改革的宏观指导、政策协调和组织推进，推动产业工人队伍建设与宏观政策、产业政策、就业政策、社会政策联动，确保改革改有所进、改有所成。

一、团结动员产业工人围绕党和国家的中心任务建功立业，充分发挥主力军作用

经济建设是工会工作主战场，调动职工群众积极性主动性创造性是工会工作的中心任务。一是围绕实现“十三五”规划目标任务，服务区域发展总体战略和京津冀协同发展、长江经济带发展、“一带一路”建设、河北雄安新区建设等国家战略，深入推进重大工程、重大项目、重点产业劳动和技能竞赛，加强和改进组织协调、示范引领、检查评估、评比表彰、宣传推广等，提高产业工人参与率和受益度。二是着眼构建产业工人技能形成体系，打通产业工人发展通道，深入实施职工素质建设工程，整合工会职工技能培训资源，发挥工会职工教育阵地优势，发展职工在线教育和网上练兵，加强和改进职工书屋建设，引导产业工人提高技术技能素质，培育更多“大国工匠”。三是在产业工人中广泛开展技术革新、技术协作、小发明小创造等职工技术创新活动，开展先进操作法总结、命名和推广，发挥职工创新工作室、劳模创新工作室的示范带动作用。四是发挥工会民间外交优势，加强产业工人技能国际交流与合作，组织产业工人积极参与国际性的产业工人技能交流活动，服务走出去战略和“一带一路”建设。

二、引导产业工人自觉践行社会主义核心价值观，汇聚实现中国梦的强大正能量

工会肩负着引领广大职工听党话、跟党走的政治责任。一是加强对产业工人的思想政治引领，把思想政治工作贯穿到产业工人队伍建设改革各项工作中，改进和创新工作方式，从产业工人的实际出发，通过务实管用的载体，深化群众性精神文明创建活动，教育引导广大产业工人自觉践行社会主义核心价值观，不断增强中国特色社会主义道路自信、理论自信、制度自信、文化自信，成为党执政的坚实依靠力量、强大支持力量、深厚社会基础。二是以职业道德为重点，在广大产业工人中开展社会公德、职业道德、家庭美德、个人品德教育，发挥劳模、道德模范、“最美职工”等先进人物的示范带动作用，打造健康文明、昂扬向上的职工文化。三是在产业工人中大力弘扬劳模精神、劳动精神、工匠精神，深化“中国梦·劳动美”主题教育实践，丰富内容、强化实践，抓好重大节日、重要时点主题活动。四是加强工会网上舆论阵地和网宣队伍建设，对模糊认识进行引导，对错误言论进行驳斥，亮出工会旗帜，发出工会声音，表明工会立场，在产业工人队伍中弘扬主旋律、传播正能量。

三、强化服务意识、提升服务能力，满腔热情地做好联系服务产业工人工作

联系服务职工群众是工会工作的生命线。一是建立健全联系产业工人的长效机制，推动工会干部下基层活动常态化、制度化，养成深入基层一线、密切联系产业工人的习惯和自觉，争当全心全意为人民服务宗旨的忠实践行者、党的群众路线的坚定执行者、党的群众工作的行家里手。二是构建覆盖广泛、快捷有效的服务职工工作体系，为基层工会和产业工人提供项目式、订单式服务，明确服务对象、服务项目、服务流程、服务标准，提高服务工作精准、精细度和项目运作制度化、规范化水平。三是大力推进“互联网+”工会普惠性服务，加大对困难产业工人解困脱困工作力度，帮助他们解决实际困难。四

是把工作重心更多地放在一线产业工人特别是农民工身上，深入推进农民工入会和服务双提升工作，多为他们办实事、解难事、做好事，促进农民工融入城市，均等享有基本公共服务。

四、旗帜鲜明维护产业工人合法权益，让改革发展成果更多更公平惠及广大产业工人

工会要赢得广大产业工人的信赖和支持，就必须在维护产业工人权益上更加有所作为。一是保障产业工人的劳动就业权利，高度关注和积极做好钢铁煤炭等行业化解过剩产能、企业兼并重组和处置“僵尸企业”中产业工人权益保障工作，加大工会职业培训、职业介绍和就业援助力度，帮助更多的产业工人稳定就业岗位、实现就业创业。二是保障产业工人取得劳动报酬的权利，完善健全向一线产业工人倾斜的分配制度，维护劳动收入的主体地位，推动完善工资平等协商机制、正常增长机制、支付保障机制，保障产业工人按时足额领到工资，扩大产业工人对改革的获得感。三是保障产业工人参加社会保险并依法享受社保待遇的权利，加强群众监督，督促企业依法为产业工人缴纳社保，推动健全社会保险制度，提高统筹层次，稳步提高社保水平。四是保障产业工人劳动保护权利，督促企业加强安全生产和职业健康工作，深化“安康杯”竞赛，促进班组现场安全管理，联合有关部门完善工伤和职业病防治保障系统，加强职业安全与职工卫生知识普及教育。

第三节　在推进改革中充分发挥工会组织特点和优势

习近平总书记在中央党的群团工作会议上深刻指出，“群众性是群团组织的根本特点”，“要以群众为中心，让群众当主角”，“要更多关注、关心、关爱普通群众”。工会是职工群众的团体组织，工会组织的生命力植根于职工群众，影响力有赖于职工群众，创造力也来自于职工群众。可以说，群众性既是工会组织生存发展的价值所在，也是工会组织发挥作用的优势所在。面对新时期产业工人队伍发展规模、内部结构、利益诉求、思想观念的新变化新特点，必须坚持以自

我革命的勇气推进工会改革创新，进一步改进工会组织体制、运行机制、活动方式、工作方法，把工会组织建设得更加充满活力、更加坚强有力，充分发挥工会组织体系健全、熟悉产业工人情况、联系产业工人紧密的群众特点和组织优势，在产业工人队伍建设改革中更好体现工会作为、彰显工会价值。

一、在组织体制上，加强面向产业工人的工会组建工作

工会组织是凝聚职工群众的阵地，基层工会离产业工人最近，联系产业工人最直接，服务产业工人最具体，是工会工作的基础和关键。基层工会有没有吸引力凝聚力影响力，决定了工会能否在产业工人队伍建设改革中发挥应有作用。随着就业、生活方式日益多元化，职工群众流动频繁、分布不断变化，工会组织设置必须及时调整，巩固已有的组织基础，加快新领域新阶层组织建设，形成完善的组织体系，实现有效覆盖，做到哪里有产业工人，哪里就有工会组织，不断扩大工会工作覆盖面。我国工会实行产业和地方相结合的组织领导原则，产业工会在维护产业工人合法权益、协调产业劳动关系、加强产业工人队伍建设、促进产业改革发展中具有重要地位和不可替代的作用，必须根据不同区域的经济特征、产业结构调整变化、产业经济和职工集聚程度，灵活合理地设置产业工会，调整健全产业工会组织体系，进一步明确产业工会和地方工会职责定位，做到产业工会和地方工会在大局下协调配合、相互支持，发挥优势、体现作为，形成工作合力。

二、在运行机制上，完善组织和代表产业工人参与民主管理、反映利益诉求的制度机制

一是推动企业落实以职工代表大会为基本形式的民主管理制度，推进厂务公开、业务公开，坚持企业在重大决策上听取产业工人意见，涉及产业工人切身利益的重大问题必须经过职代会审议，坚持和完善职工董事制度、职工监事制度，鼓励产业工人代表有序参与公司治理，维护产业工人的知情权、参与权、表达权、监督权。二是组织和代表产业工人参加人大立法协商、执法检查和政协专项视察、民主

协商，发挥工会系统人大代表和工会界别政协委员作用，围绕涉及产业工人利益的法规政策，表达产业工人利益诉求和工会主张。三是推动健全协调劳动关系三方机制及政府和工会联席（联系）会议制度，把涉及广大产业工人切身利益和影响劳动关系和谐的热点、难点问题作为重点议题，研究对策办法、提出意见建议。四是依法代表产业工人与企业普遍开展集体协商，加强行业集体协商制度建设，以行业劳动定额、行业劳动标准、行业人工成本、行业工资指导价位等为重点内容，扩大产业工人参与、规范协商程序，细化合同条款、强化履约监督，提升集体协商质量。

三、在活动方式上，坚持以产业工人为中心开展工作和活动

工会是群众组织，不是党委的一个部门，也不是行政的附属机构。工会牵头做好产业工人队伍建设改革这项工作不能靠行政命令，而必须立足群众组织的特点、立足职工群众的实际，主要通过团结、动员的方式和说服、吸引的方法来开展。一是更多关注、关心、关爱一线产业工人，经常同产业工人进行面对面、手拉手、心贴心的零距离接触，把握产业工人所需所急所盼，了解产业工人共性需求，从产业工人的意愿和要求出发去想问题、定决策、出措施，使确定的工作重点、采取的工作方式更加符合产业工人的愿望和要求，更为产业工人所喜闻乐见。二是坚持眼睛向下、重心下移，把工作重点放在基层，把更多的人力、物力、财力用在基层和产业工人身上，把服务职工、服务基层落到实处，把基层的生机和活力充分激发出来。三是运用社会化的方式开展工作，创新工作的载体和途径，提升工作信息化水平，善于争取更多的资源和手段，使工会工作融入社会，使社会了解工会、支持工会。四是鼓励和支持基层工会开展形式多样、富有工会特色的活动，尊重会员群众的主体地位，让产业工人当主角，吸引更多产业工人参加到活动设计、工作部署、先进表彰等工会工作中来，体现工会组织的群众性。

四、在工作方法上，围绕加强产业工人队伍建设打造一批工会工作响亮品牌

一直以来，工会扎实推进品牌化建设，形成了劳动和技能竞赛、劳模创新工作室、职工素质建设工程、职工书屋、“大国工匠”、“两节”送温暖、困难职工帮扶、金秋助学、阳光就业、家政服务、农民工平安返乡等工会工作品牌，得到各级党政充分肯定、广大产业工人广泛欢迎，在服务党和国家工作大局中展示了工会的良好形象，提高了工会的影响力和美誉度。面对新形势新任务新要求，工会要在把已有品牌做得更大更强更响亮基础上，适应产业工人队伍不断变化、利益诉求复杂多样的新特点新趋势，在群众所急、党政所需、自己所能的领域找准着力点，认真学习和总结推广基层经验，从职工群众生机勃勃的实践创造和鲜活经验中汲取营养，不断创新工作方法，推进工作机制化、标准化、规范化，努力打造更多基层欢迎、群众乐见、社会认可的服务品牌，提升服务产业工人的能力水平，把“职工之家”和“娘家人”的称号做得更加名副其实，不断增强工会组织的吸引力凝聚力影响力。

第三部分　附录

建设宏大的高素质产业工人队伍
助推制造强国战略　夯实党的执政基础

——全国总工会负责人就学习贯彻《新时期产业工人队伍建设改革方案》答记者问

2017年2月6日，习近平总书记主持召开中央全面深化改革领导小组第三十二次会议，审议通过《新时期产业工人队伍建设改革方案》（以下简称《改革方案》）。近日，中共中央、国务院印发了《改革方案》，并发出通知，要求各地区各部门结合实际认真贯彻落实。日前，全国总工会党组书记、推进产业工人队伍建设改革协调小组组长李玉赋接受采访，就有关情况回答了记者提问。

问：新时期产业工人指的是谁？为什么要推进产业工人队伍建设改革？

答：传统意义上，产业工人是指在现代工厂、矿山、交通运输等企业中从事集体生产劳动，以工资收入为生活来源的工人。在充分调查研究、广泛听取各方面意见、充分考虑我国产业分工和发展变化的实际基础上，我们认为，我国产业工人主要是指在第一产业的农场、林场，第二产业的采矿业、制造业、建筑业和电力、热气、燃气及水生产和供应业，以及第三产业的交通运输、仓储及邮政业和信息传输、软件和信息技术服务业等行业中从事集体生产劳动，以工资收入为生活来源的工人。

党的十八大以来，以习近平同志为核心的党中央坚持以人民为中心的发展思想和全心全意依靠工人阶级的方针，围绕提高产业工人队伍整体素质、发挥产业工人骨干作用、维护产业工人合法权益、保障产业工人主人翁地位等，作出重要制度安排，制定一系列政策措施，产业工人队伍建设取得新的进展。截至目前，我国产业工人有 2 亿左右，其中超过八成集中在第二产业，近八成集中在制造业和建筑业，六成集中在大中型企业，三成具有技术等级，农民工占六成左右。

与此同时，产业工人队伍建设存在一些突出问题。据测算，制造业人员中高技能人才占 5%；技术工人队伍中，初级工、中级工占比达到 73%，高技能人才比重远低于工业发达国家水平；74% 的农民工为初中及以下文化程度，六成以上没有接受过非农职业技能培训；在非公有制企业、小微企业，技术工人更是严重匮乏。此外，产业工人队伍建设还存在一些体制机制障碍，技能形成缺乏顶层设计，职业教育、普通教育和职业技能培训之间协调衔接不够，产业工人职业发展通道不畅，人力资本投入不足，相关法律法规政策需要进一步完善落实，等等。这些问题，关系到产业工人根本利益和长远利益的实现，关系到工人阶级领导阶级地位的巩固、党的执政基础和国家的长治久安，迫切需要通过改革加以解决。

问：如何认识推进产业工人队伍建设改革的重大现实意义？

答：推进产业工人队伍建设改革，从党和国家性质着眼，是巩固党的执政基础和阶级基础的迫切需要。我国是工人阶级领导的、以工农联盟为基础的人民民主专政的社会主义国家，工人阶级是国家的领导阶级，是党最坚实最可靠的阶级基础，是全面建成小康社会、坚持和发展中国特色社会主义的主力军。而产业工人是工人阶级中发挥支撑作用的主体力量，是创造社会财富的中坚力量，是创新驱动发展的骨干力量，是实施制造强国战略的有生力量。党和国家各项事业取得的新成就，全面建成小康社会取得的新进展，都离不开工人阶级特别是产业工人的奋力拼搏和忠诚奉献。

推进产业工人队伍建设改革，从促进经济社会持续健康发展着眼，是实施制造强国战略、全面提高产业工人队伍素质的迫切需要。随着形势发展，我国经济面临的国内外环境更加错综复杂，在国内，经济运行仍存在不少问题，产能过剩和需求结构升级矛盾突出，实体经济特别是制造业困难增大。除了产业结构本身原因外，产业工人队伍素质是关键的制约因素。要建成制造强国，需要尖端技术和先进设备，但更要有一大批能把蓝图变为现实的能工巧匠；再先进的生产技术和生产设备，最终也要靠一线产业工人来实现和操作。国际上，世界产业结构深刻调整，科技革命和产业革命是一把双刃剑，这些对产业工人来说，既是机遇也是挑战。加强产业工人队伍建设，建设一支高素质的产业工人队伍，已经成为一项重要而紧迫的战略任务，直接影响到我国在经济全球化、新一轮科技革命和产业变革中能否抢占先机、赢得主动。

习近平总书记站在党和国家工作全局的战略高度，就产业工人队伍建设作出一系列重要论述，明确要求就新时期产业工人队伍建设改革提出总体思路和系统方案，为推进新时期产业工人队伍建设改革提供了基本遵循和行动指南。因此，制定和实施《新时期产业工人队伍建设改革方案》，是以习近平同志为核心的党中央着眼于巩固党的执政基础、实施制造强国战略、全面提高产业工人素质作出的重大决策部署，事关改革发展稳定大局，事关国家和民族的长远大业，事关产业工人的根本利益和整体利益，充分体现了党中央对包括产业工人在内的工人阶级的高度重视和巨大关怀，释放了我们党始终坚持以人民为中心的发展思想和全心全意依靠工人阶级方针的强烈信号。

问：请问《新时期产业工人队伍建设改革方案》是如何制定的？

答：2016 年 8 月，根据中央全面深化改革领导小组要求，由全国总工会牵头，会同国家发展改革委、教育部、工业和信息化部、人力资源和社会保障部等研究制定改革方案。在中央改革办指导下，按照中共中央政治局委员、全国总工会主席李建国要求，5 部门把研究起草改革方案作为一项重大政治任务来抓，迅速成立了由全总党组书记、副主席、书记处第一书记李玉赋任组长，5 部门分管领导为成员的推进产业工人队伍建设改革协调小组。主要工作有：一是强化思想理论武装。深入学习贯彻习近平总书记关于产业工人队伍建设的重要指示精神，贯彻落实党中央、国务院有关重要决策部署和文件规定，着眼于党和国家工作大局，着力于改革创新，为起草改革方案打牢思想和理论政策基础。二是深入开展调查研究。2016 年 9 月至 10 月，由 5 部门领导带队赴 12 个省（区、市）、100 多家企业开展调研，征求党政领导、产业工人、工会干部、企业经营者和专家学者等意见建议。三是精心组织起草方案。多次召开专题研讨会、工作协调会和征求意见座谈会等，对改革方案深入研讨、反复论证。四是多方征求收集意见。先后两次征求了中央和国家机关 30 多个部门和单位意见，对各方面意见建议能采纳的都予以采纳。在达成一致基础上，提请中央深改组审议。

问：推进产业工人队伍建设改革有什么样的总体考虑？

答：推进产业工人队伍建设改革，总体上，要围绕统筹推进“五位一体”总体布局和协调推进“四个全面”战略布局，坚持稳中求进工作总基调，贯彻落实新发展理念，适应把握引领经济发展新常态，按照政治上保证、制度上落实、素质上提高、权益上维护的总体思路，改革不适应产业工人队伍建设要求的体制机制，充分调动广大产业工人的积极性主动性创造性，为实现“两个一百年”奋斗目标、实现中华民族伟大复兴的中国梦更好地发挥产业工人队伍的主力军作用。

问：改革的目标任务是什么？如何有序推进改革？

答：通过改革，使产业工人队伍不断壮大、综合素质明显提高，保障产业工人地位的制度更加健全，产业工人合法权益进一步实现，劳动光荣、技能宝贵、创造伟大的时代风尚更加浓厚，造就一支有理想守信念、懂技术会创新、敢担当讲奉献的宏大的产业工人队伍。为此，要把产业工人队伍建设作为实施科教兴国战略、人才强国战略、创新驱动发展战略的重要支撑和基础保障，纳入国家和地方经济社会发展规划。

产业工人队伍建设改革涉及方方面面，有序推进改革，必须把握这几项原则：坚持党的领导，把握正确方向；坚持服务大局，发挥支撑作用；坚持以人为本，落实主体地位；坚持问题导向，勇于改革创新。

问：改革都有哪些重要举措？

答：《改革方案》从5个方面提出了25条有针对性的改革举措。在加强和改进产业工人队伍思想政治建设方面，主要是强化和创新产业工人队伍党建工作，突出产业工人思想政治引领，健全保证产业工人主人翁地位的制度安排，创新面向产业工人的工会工作。在构建产业工人技能形成体系方面，主要是完善现代职业教育制度，改革职业技能培训制度，统筹发展职业学校教育和职业培训，改进产业工人技能评价方式，打造更多高技能人才，促进农民工融入城市、稳定就业。在运用互联网促进产业工人队伍建设方面，主要是创新产业工人队伍建设网络载体，打造网络学习平台，推行“互联网+”普惠性服务。在创新产业工人发展制度方面，主要是拓宽产业工人发展空间，畅通产业工人流动渠道，创新技能导向的激励机制，改进劳动和技能竞赛体系，加大对产业工人创新创效扶持力度，组织产业工人积极参与实施走出去战略和“一带一路”建设。在强化产业工人队伍建设支撑保障方面，主要是加强有关产业工人队伍建设的法治保障，完善财政投入机制，建立社会多元投入机制，完善产业工人劳动经济权益保障机制，深化产业工人队伍建设理论政策研究，营造尊重劳动、崇尚技能、鼓励创造的社会氛围。

问：这些改革举措中有哪些亮点？比如，大家都注意到，在《改革方案》的主要举措中，首先提出了加强和改进产业工人队伍思想政治建设。

答：25条改革举措涉及产业工人的思想引领、技能提升、作用发挥、支撑保障等方面的体制机制，蕴含其中的亮点很多。亮点之一就是把加强和改进产业工人队伍思想政治建设放在突出位置，提出一系列创新举措。

一是突出强化和创新产业工人队伍党建工作。加大在产业工人队伍中发展党员力度，把技术能手、青年专家、优秀工人吸收到党组织中来。要适应新技术新业态新模式发展，探索不同类型企业党建工作方式方法。二是突出产业工人思想政治引领，加强理想信念教育、职业精神和职业素养教育，大力弘扬劳模精神、劳动精神、工匠精神，引导产业工人爱岗敬业、甘于奉献。三是突出围绕提升产业工人主人翁地位，健全一系列制度安排，如适当增加产业工人在党的代表大会代表和委员会委员、人民代表大会代表、政协委员、群团组织代表大会代表和委员会委员中的比例，探索实行产业工人在群团组织挂职和兼职等。四是突出创新面向产业工人的工会工作。坚持党建带工建，进一步改进工会组织体制、运行机制、活动方式、工作方法，创新国有企业工会工作，加强非公有制企业和混合所有制企业工会工作，保持和增强工会组织的政治性、先进性、群众性。

问：产业工人技术技能问题一直是社会关注的热点，这方面有哪些改革举措？

答：提升产业工人技术技能水平，是改革重点所在。《改革方案》中专门把构建产业工人技能形成体系作为一个方面，推出6大举措：一是完善现代职业教育制度。包括加强职业教育、继续教育、普通教育的有机衔接，坚持产教融合、校企合作、工学结合、知行合一，创新各层次各类型职业教育模式；制定校企合作促进办法，健全企业参与校企合作的成本补偿等政策，探索推进产教融合企业试点，打造足够数量和具备实践经验的高素质“双师型”职业教育师资队伍等。二是改革职业技能培训制度。主要是推进职业技能培训市场化、社会化、多元化改革，建立各类培训主体平等竞争、产业工人自主参加、政府购买服务的技能培训机制；强化和落实企业培养产业工人的主体责任等。三是统筹发展职业学校教育和职业培训。建立覆盖广泛、形式多样、运作规范，行业、企业、院校、社会力量共同参与的职业教育培训体系，促进学历与非学历教育纵向衔接连通、横向互通互认。四是改进产业工人技能评价方式。如优化职业技能等级标准，完善职业技能等级认定政策；健全职业技能多元化评价方式，引导和支持企业、行业组织和社会组织自主开展技能评价；做好职业资格制度与职业技能等级制度的衔接等。五是打造更多高技能人才。提出实施国家高技能人才振兴计划，创新协同培育模式，依托大型骨干企业建设示范性高技能人才培训基地，孵化拔尖技能人才，培育更多“大国工匠”。六是促进农民工融入城市、稳定就业。深入实施农民工学历与能力提升行动计划、农民工职业技能提升计划。

问：《改革方案》把创新产业工人发展制度作为一项重要任务，请问有什么考虑？

答：针对影响产业工人队伍发展的突出问题，创新体制机制，畅通产业工人发展通道，是制定《改革方案》的初衷之一。很多调研都显示，职业发展通道狭窄，已影响到产业工人队伍建设。因此，推进产业工人队伍建设改革，必须创新产业工人发展制度。

《改革方案》从6方面来推进：一是拓宽产业工人发展空间。改革企业人事管理和工人劳动管理相区分的双轨管理体制，实行统一的人力资源管理制度；完善个人学习账号和学分累计制度，推进非学历教育学习成果、职业技能等级学分转换互认。二是畅通产业工人流动渠道。健全公共就业服务体系，完善就业信息服务制度，提高人力资源配置效率。三是创新技能导向的激励机制。建立健全培养、考核、使用、待遇相统一的激励机制，引导企业在关键岗位、关键工序培养使用高技能人才，提高相应待遇，实现多劳者多得、技高者多得。建立技术工人创新成果按要素参与分配的制度，研究创新激励方式。增加产业工人在各级各类劳动模范和先进代表等评选中的名额比例。四是改进劳动和技能竞赛体系。建立以企业岗位练兵和技术比武为基础、以国家和行业职业技能竞赛为主体、国内竞赛与国际竞赛赛项相衔接的劳动和技能竞赛机制。五是加大对产业工人创新创效扶持力度。深化群众性技术创新活动，开展先进操作法总结、命名和推广。推动具备条件的行业企业建立职工创新工作室、劳模创新工作室和技能大师工作室，联合高等学校、职业学校和专业科研机构共建实验实训平台，探索创建跨区域、跨行业、跨企业的创新工作室联盟。六是组织产业工人积极参与实施走出去战略和“一带一路”建设，加强产业工人技能国际交流与合作。

问:“互联网+”时代,产业工人队伍建设有哪些“e特点”?

答: 运用互联网促进产业工人队伍建设,是《改革方案》一个富有时代气息的特点。主要有3个举措:一是创新产业工人队伍建设网络载体。建立健全结构清晰、数据准确、动态管理的产业工人队伍基础数据库。加强网上思想引领、技术交流、创新成果展示、文化建设等,举办多行业、多工种网上练兵活动。二是打造网络学习平台。将促进产业工人终身学习纳入城乡信息化建设,加强集师资队伍、教育内容、传播渠道和受众群体为一体的网络公共学习平台建设。三是推行“互联网+”普惠性服务,建设网上“职工之家”,实现网上维权帮扶。

问:改革举措关键在不折不扣的贯彻落实,请问这方面有何保障措施?

答:《改革方案》专门就强化产业工人队伍建设支撑保障提出6项举措:一是加强有关产业工人队伍建设的法治保障。依法保障产业工人接受教育和培训的权利。研究制定企业民主管理、集体协商等方面的制度,督促企业依法履行社会责任。二是完善财政投入机制。改进就业专项资金补贴方式,合理确定补贴标准和补贴对象,支持产业工人教育培训。对符合政策的产业工人纳入高技能人才建设规划,按规定享受有关支持政策。三是建立社会多元投入机制。落实企业职工教育经费。支持企业举办或参与举办职业教育。落实完善引导社会资本进入职业教育领域的优惠扶持政策,支持各类办学主体通过独资、合资、合作等形式举办民办职业教育。四是完善产业工人劳动经济权益保障机制。创造平等就业环境,保障就业机会公平。完善工资平等协商机制、正常增长机制、支付保障机制,健全向一线产业工人倾斜的分配制度,落实产业工人参与分配决定的权利。健全社会保险制度,做好跨地区、行业、单位流动的社会保险关系接续。加强安全生产和职业健康工作。规范劳务派遣用工。五是深化产业工人队伍建设理论政策研究。六是营造尊重劳动、崇尚技能、鼓励创造的社会氛围。

问：在改革的组织实施方面有哪些举措?

答：强有力的组织实施是改革的政策和措施得以落地见效的重要保证。《改革方案》从4个方面提出了明确要求。一是构建合力推进改革的工作格局。坚持党委统一领导，政府有关部门各司其职，工会、行业协会、企业代表组织充分发挥作用，统筹社会组织的协同力量。建立贯彻落实的协调督查机制，由全国总工会牵头、各相关部门参与，形成整体合力。二是有力有序推进改革，着力在支柱产业、战略性新兴产业和骨干企业中推进，发挥国有企业的带动作用。针对各地区各产业的不同情况，加强分类指导，探索总结经验，做到有序实施。三是做好改革宣传工作，营造关心、支持推进改革的良好社会环境。四是加强对改革实施的督促检查，确保《改革方案》落地见效。

（2017年6月20日《工人日报》第一版刊发）

人民日报评论员文章

建设高素质的产业工人队伍

产业工人是工人阶级中发挥支撑作用的主体力量，是创造社会财富的中坚力量，是创新驱动发展的骨干力量，是实施制造强国战略的有生力量。中共中央、国务院近日印发《新时期产业工人队伍建设改革方案》，把产业工人队伍建设作为实施科教兴国战略、人才强国战略、创新驱动发展战略的重要支撑和基础保障，为的就是造就一支有理想守信念、懂技术会创新、敢担当讲奉献的宏大的产业工人队伍。

党的十八大以来，着眼于巩固党的执政基础、实施制造强国战略、全面提高产业工人素质，习近平总书记就产业工人队伍建设作出一系列重要论述，明确要求就新时期产业工人队伍建设改革提出总体思路和系统方案。制定实施《新时期产业工人队伍建设改革方案》，是我们党和国家历史上第一次对产业工人队伍建设改革专门进行谋划和部署。它的出台，为加快建设一支高素质的产业工人队伍明确了“路线图”“时间表”，事关改革发展稳定大局，事关国家和民族的长远大业，事关产业工人的根本利益和整体利益。

近年来，我国产业工人队伍建设取得新的进展，两亿产业工人为改革发展作出了重要贡献。与此同时，技术工人缺乏尤其是高技能人才缺乏、技能形成缺少顶层设计、产业工人职业发展通道不畅等问题仍然存在，相关法律法规政策也需要进一步完善落实。推进产业工人队伍建设改革势在必行。

如何造就一支高素质的产业工人队伍？产业工人队伍建设改革改什么、怎么改？关键是认真贯彻落实新出台的改革方案。方案明确的指导思想、基本原则、目标任务以及改革举措，是我们推进改革时必须牢牢把握的方向和重点。有关各方要以方案的出台为强大动力和重大机遇，加强和改进产业工人队伍思想政治建设，构建产业工人技能形成体系，创新产业工人发展制度，拓宽产业工人发展空间，完善产业工人劳动经济权益保障机制，打造更多高技能人才，促进农民工融入城市、稳定就业。以"撸起袖子加油干"的精神，以"闻鸡起舞正当时"的状态，以"责无旁贷舍我其谁"的担当，大力推进改革，才能确保党中央决策部署落地生根，不辜负党的重托和广大产业工人的期望。

实现"两个一百年"奋斗目标、实现中华民族伟大复兴的中国梦，产业工人队伍是主力军，《改革方案》是更好发挥主力军作用的宣言书和动员令。认真贯彻这一方案，改革不适应产业工人队伍建设要求的体制机制，充分调动广大产业工人的积极性主动性创造性，我们就一定能更好凝聚产业工人队伍的智慧和力量，为实现中国梦奠定更加坚实的基础。

（2017 年 6 月 20 日《人民日报》第一版刊发）

全国职工素质建设工程五年规划（2015—2019年）

（2015年4月10日）

中华全国总工会

根据中共中央办公厅《关于培育和践行社会主义核心价值观的意见》《国家中长期人才发展规划纲要（2010—2020年）》和《国务院关于加快发展现代职业教育的决定》，结合《全国职工素质建设工程五年规划（2009—2014年）》实施情况，制定《全国职工素质建设工程五年规划（2015—2019年）》。

一、指导思想

以邓小平理论、“三个代表”重要思想、科学发展观为指导，深入贯彻习近平总书记系列重要讲话精神，紧紧围绕全面建成小康社会、全面深化改革、全面依法治国、全面从严治党战略布局，充分发挥工会“大学校”作用，以培育和践行社会主义核心价值观为主线，以培养职工职业精神和提高职工技术技能素质为重点，深入实施全国职工素质建设工程，加快培养高素质劳动者，为实现“两个一百年”奋斗目标、实现中华民族伟大复兴的中国梦提供坚实的人才保障。

二、目标任务

到2019年，建立起资源集成、形式多样、贴近职工、务实有效的职工素质建设工程模式，培育形成一批职工素质建设工程品牌项目，建设起覆盖全体职工的内容丰富、高效便捷的信息化职工学习培训服务平台。通过实施职工素质建设工程，职工队伍团结奋斗的共同思想基础更加巩固，职业精神更加牢固，职业技能显著提升，文明素养明显进步。

——加强职工队伍思想道德素质建设，培育和践行社会主义核心价值观。不断深化“中国梦·劳动美”教育实践活动，引导广大职工增强道路自信、理论自信、制度自信和价值观自信，强化敬业奉献精神，激发劳动创造力量。教育实践活动要覆盖全体职工。深入推进职业道德、社会公德、家庭美德和个人品德建设。全总每两年表彰一批职工职业道德建设标兵单位和标兵个人。

——加强科学文化素质建设，加快职工队伍知识化进程。通过各类科学文化知识的教育、传播与普及，引导职工树立科学理念，提升科学文化素养。各级工会每年帮助50万名职工提升学历水平。加强职工教育培训阵地建设，全总每年命名200个全国职工教育培训优秀示范点，给予重点扶持。全国职工素质建设工程领导小组每年命名一批职工读书活动先进单位和先进个人。全总每年继续在各地建1000个职工书屋示范点，带动各地工会每年新建10000个职工书屋，吸引职工积极参与各种读书活动。大力繁荣先进职工文化，着力培育一批职工文化业余骨干队伍，建设一批职工文化示范阵地，确定一批职工文化艺术创作培训基地，推出一批职工文化艺术活动品牌，打造一批职工文化艺术精品，树立一批职工文化建设工作先进典型。

——加强职工队伍技术技能素质建设，培养技能型创新型人才。不断扩大各类技术技能竞赛、岗位练兵、技能培训覆盖面，每年帮助100万职工提升技术等级。全总每3年命名一批全国示范性劳模创新工作室，授予“全国示范性劳模创新工作室”称号。设立职工创新专项资金，用于支持劳模创新工作室开展技术创新攻关和职工技能素质提升活动。

——加强职工队伍民主法治素质建设，引导广大职工尊法学法守法用法。推进党的十八届四中全会精神和法治宣传教育下基层、进企业、入班组，各类普法宣传教育做到全覆盖。加强职代会、厂务公开、集体合同等民主管理和集体协商知识的普及与培训，增强职工民主参与、民主管理和民主监督意识，提高依法理性表达诉求的能力。

——加强职工队伍健康安全卫生素质建设，促进实现职工安全生产和体面劳动。大力倡导健康安全卫生理念，着力普及健康安全知识，坚持不懈地开展全员安全生产和职业病防治专业知识普及工作，推动职业教育院校和各类职业培训机构把安全生产纳入教育培训内容，各类群众性职业安全卫生教育和“安康杯”竞赛活动覆盖率达到85%以上。动员组织广大职工积极参加全民健身活动，进一步提升职工健康生活指数。

三、主要载体

（一）深入开展“中国梦·劳动美”教育实践活动。

以职工大讲堂、演讲比赛、主题报告会、座谈会等多种形式，在广大职工中开展形式多样、生动活泼的教育实践活动，引导职工把实现个人理想、岗位建功立业与实现中国梦紧密结合起来，以“劳动美”成就“中国梦”。

贯彻落实《中华全国总工会关于在广大职工中培育和践行社会主义核心价值观的实施意见》，将培育社会主义核心价值观融入到职工教育培训工作的全过程，渗透到职工日常工作、学习和生活各方面，成为职工文化建设的核心内容。深入挖掘各种重要节庆日、纪念日蕴藏的丰富教育资源，组织广大职工积极参与“七一”“十一”等政治性节日，中国人民抗日战争全面爆发纪念日、抗日战争胜利纪念日、南京大屠杀死难者国家公祭日、烈士纪念日等重大历史事件、重要历史人物纪念日、重大节庆日的纪念活动。充分发挥中国志愿服务联合会职工委员会的作用，把广大职工开展各种形式的志愿服务活动常态化，培育形成一批职工志愿服务活动品牌，积极引导广大职工争做雷锋精神的传承者。

加强职业道德、社会公德、家庭美德、个人品德教育。组织道德论坛、道德讲堂、道德修身等活动，采用各种形式送教上门，在职工中进行以中华民族传统美德为核心的社会文明教育。把提升农民工文明素养和职业素养放在更加突出的位置，广泛开展培养新工人、新市民活动，对农民工进行市民意识、法律维权、职业素养、励志成才、城市生活常识、文明礼仪等方面内容的教育和培训。

（二）深入开展职工读书学习活动。

广泛深入开展“争当学习型职工读书活动”。不断丰富活动形式，及时总结和推广典型经验，选树先进个人，培育不同类型、各具特色的学习型团队和班组。通过举办读书会和报告会、推荐好书、征文、演讲、职工读书成果发布会、评选读书明星等形式，引导职工多读书、读好书，提升自身素质。

推广实施“农民工求学圆梦助推计划”。通过提供优惠政策、学费资助、实行学分累计等手段和灵活的形式，鼓励和帮助农民工提升学历层次，推广适应农民工工作特点和实际需求的“学分银行”、“现代学徒制”等教育培训新模式，为农民工接受继续教育提供多样化途径。

加强和规范职工书屋建设。实施《全国工会职工书屋建设工程五年规划（2014—2018 年）》，新建的职工书屋向基础设施较差的中西部地区、老少边穷及少数民族地区、新型城镇化进程中农民工集中流入的地区及行业倾斜。丰富拓展职工书屋的内容与形式、功能与作用，推进全国工会电子职工书屋平台建设。

（三）深入开展职工职业道德建设活动。

推动职工职业道德教育纳入到各类企业职工岗前培训和日常培训之中。注重发挥劳模的示范引领作用，广泛开展劳模大讲堂、劳模事迹报告会、劳模进校园等活动，弘扬劳模精神和劳动精神。在各行各业和广大职工中广泛开展“岗位学雷锋”。以诚信、敬业为主题，在工业企业和建筑企业中重点开展“用敬业做产品”主题活动，在商贸类企业中重点开展“守法诚信经营”主题活动。扎实开展职工职业道德建设标兵评选表彰等典型选树工作。

（四）深入开展劳动竞赛和技术技能培训活动。

围绕国家重大建设工程项目和国家区域发展重大战略的实施，深入开展重大工程劳动竞赛、促进区域发展示范性劳动竞赛和“振兴杯”劳动竞赛。围绕加快转变经济发展方式，不断深化竞赛内容，引导广大职工立足本职岗位节能减排，深化在电力、煤炭、钢铁等高耗能、高排放行业中开展重点行业节能减排达标竞赛活动。组织职工广泛参与合理化建议和小发明、小创造、小革新、小设计、小建议等“五小”活动。继续推动非公企业劳动竞赛工作。深入开展以创建“工人先锋号”为载体的班组竞赛活动，把竞赛活动与企业生产经营相结合，与企业技术进步相结合，引导职工学习新知识、钻研新技术、使用新方法。

推动劳模创新工作室创建工作深入发展，增强劳模创新工作室的创新攻关能力、人才培养能力、集成创新能力，发挥劳模创新工作室的综合效应。全总出台《全国示范性劳模创新工作室管理办法》，对“全国示范性劳模创新工作室”实行动态管理。

进一步加强中国职工技术协会组织建设、队伍建设、能力建设、机制建设、信息化平台建设和职业技能实训基地建设。深入开展职工技术培训、技术攻关、技术协作、技术咨询、技术服务、科普教育和国际交流活动。扎实做好职工技术创新成果评比、推荐、展示、交流、推广和转化等工作。

充分发挥产业工会作用，广泛组织动员不同行业、不同领域、不同类型的企事业单位开展岗位练兵、技术比武等活动。

（五）深入开展民主法治宣传教育活动。

以“六五”普法验收和开展“七五”普法为抓手，以学习宣传贯彻党的十八届四中全会精神、弘扬社会主义法治精神为主线，以《宪法》《劳动法》《工会法》《劳动合同法》《妇女权益保障法》等法律法规宣传教育为重点，把在广大职工中开展法治宣传教育活动不断引向深入。把集中宣传与日常宣传有机结合起来、学法与用法有机结合起来、普遍性宣传与在农民工集中的地方和企业进行重点宣传有机结合起来，加强普法宣讲团、志愿者队伍建设，送法下基层、进企业，积极开展“法治宣传月”、“法治宣传周”、法律知识大讲堂、法律知识竞赛等各种形式的法律宣传服务活动。推动地方工会开通普法网站和微博，开设职工法律咨询热线，建立职工法律援助中心。落实好《中华全国总工会法律人才队伍建设三年规划（2014—2016年）》，大力培养工会系统法律人才。

加强职代会、厂务公开、集体合同等民主管理和集体协商知识的普及与培训，增强职工民主素养。组织职工参与厂务公开、职代会等民主管理和民主监督工作，依法履行民主权利。动员广大职工全过程参与集体协商工作，使集体协商内容真正反映职工的意愿。

（六）深入开展群众性安全生产和职业病防治教育活动。

广泛开展“安康杯”竞赛活动，推进企业安全文化建设。在各类企业广泛开展职工安全生产、职业病防治以及女职工“四期”保护教育，引导职工提高安全意识和职业健康意识，自觉遵守安全生产制度，严格执行作业标准。及时总结和推广企业安全生产经验典型，监督企业落实劳动保护条例。

（七）深入开展职工文化体育活动。

推动建立党政工齐抓共管的职工文化建设工作机制，搭建职工群众便于参与、乐于参与的活动平台。以举办“五一”特别节目、职工艺术节和职工摄影、诗词、美术书法、微电影等大赛以及职工运动会等活动为载体，经常性开展丰富多彩的职工文化体育活动。培育一批基层职工文化业余骨干队伍，建设一批以工人文化宫（俱乐部）、职工学校、企业职工文化活动中心为主体的职工文化建设示范阵地，确定一批基层职工文化艺术创作培训基地，推出一批以“中国梦·劳动美”为主题、体现社会主义核心价值观的职工文化艺术活动品牌，打造一批以职工生产生活为题材的文化艺术精品，树立一批常年活跃在基层一线、积极服务职工的职工文化建设工作先进典型。

增强职工的体能素质和心理素质。动员和组织职工积极参加各种形式的体育健身活动。加强对职工的人文关怀和心理疏导工作，引导和督促企业广泛开展心理咨询与培训，开通职工心理咨询热线，开展职工心理健康教育，帮助职工保持健康积极的心态。

四、保障措施

（一）切实加强组织领导。

推动建立在党委领导下，政府支持、工会牵头、社会参与的职工素质建设工程工作机制。加强与政府部门的沟通协作，推动职工素质建设工程有关政策的制定和落实，积极争取将相关工作纳入国家和地方人才发展规划以及国家高技能人才振兴计划，与有关部门共同部署、合力实施。

（二）建立经费保障机制。

建立政府财政支持、工会经费补贴、企业及社会各方分担的职工素质建设工程经费支持和资金保障机制。积极争取政府及相关部门的职工教育培训补贴政策，多方筹集职工教育培训资金。督促和监督企业落实工资总额的1.5%—2.5%用于职工教育培训经费，并确保职工教育培训经费总额的60%以上用于一线职工的教育培训，将此项经费落实情况作为厂务公开和集体合同的重要内容。

（三）加强职工教育培训阵地建设。

各级工会要高度重视工会系统职工教育培训阵地建设，加大对职工学校的投入，支持其改善办学条件，增强师资力量。加强职工文化阵地建设，推进建设功能完善、服务体系健全的工人文化宫（俱乐部）或职工文化活动场所。加强职工实训基地软硬件建设，并通过信息公示制度、星级评定制度、年检评估制度等进一步规范管理。发展在线教育，完善职工教育培训网络体系，搭建智能化、移动化、线上线下相结合的职工在线学习平台。

（四）完善考核激励机制。

建立健全符合职工素质建设工程工作特点的考核奖惩机制，把职工素质建设工程纳入同级工会年度工作计划，同部署、同推进、同落实、同考核。各省级职工素质建设工程领导小组要适时对规划的实施情况进行检查评估，上报全国职工素质建设工程领导小组。

各省级工会要根据本规划要求，结合实际制定具体实施意见。全国职工素质建设工程领导小组办公室加强对本规划实施情况的督促检查，确保规划各项任务扎实推进，取得实效。

中华全国总工会
2016—2020年劳动和技能竞赛规划

（2016年9月5日）

全面建成小康社会，我国亿万劳动群众是主体力量。“十三五”时期是全面建成小康社会的决胜阶段，是我国深化改革、加快转变经济发展方式的攻坚时期。为贯彻落实党的十八届五中全会精神和国家“十三五”规划纲要，按照全总十六届四次执委会议决议要求，组织动员广大职工在实现“十三五”规划目标任务中发挥主力军作用，制定《中华全国总工会2016—2020年劳动和技能竞赛规划》。

一、总体要求和目标任务

认真贯彻党的十八届五中全会精神和习近平总书记系列重要讲话精神，紧紧围绕“十三五”规划目标任务，牢固树立和积极践行创新、协调、绿色、开放、共享的发展理念，注重面向基层、面向一线职工、面向普通劳动者，以提升职工技能素质、推动企业技术创新为重点，广泛开展以“践行新理念、建功‘十三五’”为主题的劳动和技能竞赛，大力弘扬劳模精神、劳动精神、工匠精神，把广大职工主人翁精神和创新活力充分激发出来，为全面建成小康社会建功立业，不断谱写新时代的劳动者之歌。

——坚持创新引领。按照认识新常态、适应新常态、引领新常态的要求，围绕供给侧结构性改革，进一步提高竞赛活动的知识含量和科技含量，更加注重人才与创新、质量与效率有机结合，促进劳动和技能竞赛由“速度型”、“体力型”向“效益型”、“智力型”转变。

——坚持提高素质。深入贯彻人才优先发展战略，发挥工会“大学校”作用，大力实施职工素质建设工程，广泛开展劳动和技能竞赛活动。深化“中国梦·劳动美”主题教育，着力培养工匠精神、培育工匠文化，通过竞赛进一步提高职工综合素质，练就过硬本领。

——坚持面向基层。把工作重点放在基层，适应企业实际和职工多样化需求，不断创新竞赛形式和载体，进一步增强竞赛活动的吸引力和实效性。尊重职工群众的首创精神，充分发挥他们的聪明才智和创造活力，让广大职工当主角，最大限度地把职工组织到竞赛活动中来。

——坚持共建共享。以职工为本，坚持促进企业发展、维护职工权益，把开展竞赛活动、推动经济建设与促进职工全面发展、共享发展成果、构建和谐劳动关系统一起来，扩大职工参与面和受益面，增强职工获得感和幸福感。

到“十三五”末，努力做到劳动和技能竞赛广泛性和实效性进一步增强。职工参与面进一步扩大，劳动和技能竞赛在规模以上企业中普遍开展，在中小企业稳步推进。职工创新成果大量涌现，质上有提升、量上有发展，成果转化率进一步提高。职工技能素质、创新能力显著提升，技术工人队伍不断壮大，更多大国工匠脱颖而出。劳动和技能竞赛组织领导体制进一步完善，竞赛绩效评估、考核管理和表彰奖励等机制进一步健全，形成党政重视支持、工会积极组织、职工广泛参与、社会充分认可的竞赛格局。

二、开展职工技术创新活动，推动大众创业、万众创新

围绕供给侧结构性改革，引导广大职工牢固树立创新发展理念，不断增强创新意识和创新能力，立足岗位开展技术创新、服务创新和管理创新。不断创新平台和载体，整合资源和力量，把职工技术创新嵌入企业研发链条，融入国家创新体系，为大众创业、万众创新夯实群众基础，为创新驱动发展营造良好社会氛围。

——结合国家重大发展战略、重大基础设施建设、重大科技项目和重大活动开展竞赛。落实创新驱动发展、制造强国、质量强国、“一带一路”建设、京津冀协同发展、长江经济带发展等国家战略，联合政府有关部门，组织地方和产业工会开展专题竞赛活动和全国示范性竞赛创建活动，助推产业结构优化升级、区域发展、科技进步和

工程建设。

——开展合理化建议、技术革新、技术协作、发明创造等活动。针对产业关键共性技术和企业现场技术、工艺、管理等难题，充分发挥职工技协组织优势，引导和组织职工进行技术创新、持续改善，探索建立区域性和行业职工技术创新联盟，形成基础广泛、人才集聚、成果丰硕的职工技术创新活动体系。2016 年至 2020 年，力争全国职工合理化建议数量达到 6000 万件，实施率 60% 以上；力争实现职工技术革新 400 万项，发明创造 100 万项，获得专利 60 万项，总结推广先进操作法 100 万项。

——深化劳模创新工作室创建工作。充分发挥劳模创新工作室人才集聚、集智创新、技能传承和示范带动作用，引导职工积极投身创新实践。联合科研机构，探索创建跨区域、跨行业、跨企业的劳模创新工作室联盟。重视典型选树，每三年命名一批全国示范性劳模创新工作室，到 2020 年，全国示范性劳模创新工作室总数达到 300 家，各级劳模创新工作室创建总数超过 10 万家。

——为职工技术创新活动搭建平台、提供支持。大力开展职工创新项目孵化、成果评选、展示交流等活动，积极搭建职工创新信息化服务平台。发挥职工创新补助资金的引领作用，积极争取财政资金，引导各级工会加大经费投入，为职工技术创新活动提供资金支持。开展技术开发、技术转让、技术咨询、技术服务，加强职工知识产权保护，促进职工技术创新成果转化，为职工技术创新活动提供专业服务。

三、提升职工技能素质，建设知识型、技术型、创新型职工队伍

广泛开展岗位练兵、技能竞赛、技术培训、技术交流等活动，培养造就更多的大国工匠和创新人才，为实现“十三五”规划目标任务提供坚强有力的智力支持、人才保障和技能支撑。到 2020 年末，开展岗位练兵活动的企业达到 50 万个，参加技能竞赛的职工平均每年达到 2300 万人次，每年帮助 100 万职工晋升技术等级。

——深入开展职工职业技能竞赛。围绕“中国制造 2025”，把关

键技术、前沿技术、高端技术和解决生产难题、关键问题作为竞赛的主要内容。创新组织形式、完善竞赛办法，练赛结合、比学结合，促进技能竞赛提质增效。注重竞赛典型及成果的宣传、转化和交流，总结推广网上练兵、网上技能竞赛等新形式，扩大技能竞赛影响。

——加强职工职业技能培训。整合工会教育资源，建立职工技能培训示范点，积极配合政府、企业开展技能培训。发挥劳模创新工作室作用，广泛开展师带徒活动，总结推广先进操作法。指导各地开展网上技能培训，为职工提供便捷、高效的服务。充分利用职工技能实训基地、工会就业培训基地，在实施“农民工职业技能提升计划”中发挥积极作用。

——推动企业建立技术工人培养、考核、使用、激励机制。监督企业足额提取职工教育经费，将经费的60%以上用于一线职工的培训。总结推广企业实行首席技师、金牌工人制度及对优秀技术工人进行奖励、开辟晋级绿色通道等做法，帮助更多的职工取得和晋升职业技术资格，更好地激发职工岗位成才的积极性、主动性。

四、推动职工节能减排活动，促进生态文明建设

引导职工树立绿色发展的理念，积极推进生态文明建设，推动形成绿色发展方式和生活方式，为共同建设美丽中国、实现中华民族永续发展作贡献。

——加强节约环保宣传教育。把生态文明作为职工素质教育的重要内容，结合全国节能宣传周等主题活动，加强人口资源环境国情宣传，普及生态文明法律法规、科学知识，提高广大职工的节约意识、环保意识、生态意识，形成人人、事事、时时崇尚生态文明的社会氛围。在职工中开展绿色生活行动，倡导勤俭节约的消费观。

——开展节能减排立功竞赛活动。组织引导职工立足岗位，围绕清洁生产、传统制造业绿色改造、发展循环经济等，针对能源消耗和环境污染的突出问题，结合企业实际，广泛开展小革新、小发明、小改造、小设计、小建议等“五小”活动，开发和推广节能减排新技术、新工艺、新材料、新设备，掌握节能减排技术，提高节能减排水平。

——深化重点行业节能减排达标竞赛活动。组织相关产业工会瞄准国际领先水平、全国最好水平，围绕工艺技术装备更新改造，在国家确定的电力、煤炭、钢铁等高耗能、高排放行业中，深入开展以“三比一降”（比创新、比技能、比管理、降能耗和排放）为主要内容的对标竞赛活动，促进资源能源节约高效利用，推动重点领域、重点行业节能减排。

——参与企业节能减排管理。发动职工群防群治，从点滴着手，查找薄弱环节，堵塞跑冒滴漏，减少资源能源浪费，挖掘节能减排潜力，促进环境保护。加强职工节能减排义务监督员队伍建设，发挥他们在节约资源和保护环境中的重要作用。

五、深化“安康杯”竞赛活动，保障职工安全健康权益

通过“安康杯”竞赛活动推动企业落实安全生产主体责任，减少生产事故、控制职业危害，维护职工在劳动过程中的生命安全与健康权益，实现安全发展。力争到2020年，参加全国“安康杯”竞赛活动的企业数超过70万家，树立一批“安康杯”竞赛先进集体和个人。

——增强职工安全生产意识。在职工中广泛开展安全生产宣传教育，重视安全知识和技能培训，引导职工增强安全生产责任感，牢固树立安全生产意识。发展企业安全文化，积极营造人人讲安全、事事重安全、处处保安全的安全生产环境。

——提高职工安全生产自保能力。开展安全生产合理化建议活动，推动企业落实职工的知情权、参与权、监督权和表达权。开展安全技能培训和隐患排查治理活动，把职业安全与健康的各项措施落实到每个岗位、每位职工，提高职工隐患排查治理、事故防范、应急处置和自我保护能力，筑牢安全生产第一道防线。

——突出重点行业重要环节。把煤矿、建筑、交通、石油、化工、电力等高危行业作为重点，把劳动密集型企业，非公小企业，设备、技术、工艺落后的企业作为重点，把一线职工、农民工、重体力劳动职工等群体作为重点，开展“安康杯”竞赛活动，减少和避免生产事故和职业危害的发生。

——发挥工会劳动保护监督检查员作用。壮大劳动保护监督检查员队伍，加强监督检查员能力建设，按照工作要求履职尽责，坚决杜绝、勇于抵制违章指挥、违章作业、违反劳动纪律，切实保障职工职业安全与健康权益。

六、争创“工人先锋号”，提高班组建设水平

广泛开展以创建“工人先锋号”为载体的班组（科室、团队）竞赛活动，促进班组建设，努力把班组打造成为“勤奋工作、快乐生活、健康成长、温暖和谐”的职工小家，更好地调动一线职工的积极性主动性创造性，为实现企业发展目标作贡献。

——突出活动重点。以提升质量、创新技术、提高效率、安全生产等为重点，深入开展班组竞赛，吸引广大职工积极参与，创建更多的学习型班组、创新型班组和质量信得过班组。

——加强分类指导。推动国有企业顺应现代企业管理的发展趋势，大力推进班组科学化、标准化和规范化建设；引导非公企业和中小企业结合实际，创新工作方式方法，有重点、分步骤扎实推进，不断提高班组建设的整体水平。

——发挥班组长核心作用。协助企业做好班组长的培养和选拔工作，建立科学的班组长选拔和考核机制；加强班组长的学习、培训，开展班组长交流活动，不断提高班组长的工作能力和综合素质；鼓励和支持企业在政治上关心班组长、在经济待遇上重视班组长，努力为班组长开展工作和自身成长创造条件。

七、弘扬劳模精神、劳动精神、工匠精神，为实现中国梦汇聚正能量

大力弘扬劳模精神、劳动精神、工匠精神，引导广大职工辛勤劳动、诚实劳动、创造性劳动，为实现“两个一百年”奋斗目标和中国梦汇聚强大正能量。

——弘扬劳模精神。通过劳动和技能竞赛培养和选树更多的劳动模范和先进典型，号召全社会向他们学习，用劳模的优秀品质引领广

大职工爱岗敬业、勤奋工作、锐意进取、勇于创造，让劳动光荣、技能宝贵、创造伟大成为时代强音。

——弘扬劳动精神。在广大职工中提倡以辛勤劳动为荣、以好逸恶劳为耻，通过诚实劳动、创造性劳动实现自己的人生梦想、改变自己的命运、创造更加美好的生活，让劳动最光荣、劳动最崇高、劳动最伟大、劳动最美丽的观念蔚然成风。

——弘扬工匠精神。积极培育钻研技能、精益求精、敬业担当的职业精神，培养选树大国工匠，倡导工匠文化，引导职工干一行、爱一行、钻一行，敢于创新、追求卓越，打造一流产品，提供一流服务。

——发挥劳模作用。总结推广劳模创新工作室、劳模示范岗、劳模大讲堂、劳模志愿服务队等经验，使他们的劳动技能、创新方法、管理经验广泛传播，充分发挥其示范带头作用，激励广大职工学赶先进、争当劳模、比作贡献。

——关心关爱劳模。做好劳模服务管理工作，了解劳模情况，反映劳模诉求，采取有效措施，努力帮助劳模解决工作生活中的实际困难，为劳模提供实实在在的帮助和支持，让劳模感受到党和政府的关心、社会的关爱。

八、加大工作力度，推动竞赛活动向广度和深度发展

适应新形势新任务要求，加大工作力度，不断完善竞赛体制机制，拓展竞赛领域，创新竞赛载体，加强理论研究和宣传，积极探索和把握新时期劳动和技能竞赛的特点和规律，不断增强竞赛活动的时代感和影响力。

——健全组织领导体制。建立健全各级劳动和技能竞赛委员会，没有建立竞赛委员会的地区，要积极推动建立。进一步发挥竞赛委员会的作用，在委员会成员中增加一线职工代表，制定工作计划，建立联系点，加强工作指导。密切与政府相关部门、协会组织的联系与合作，把组织开展劳动和技能竞赛作为工会与政府联席会议的重要议题，积极争取政府（企业）经费支持，定期研究竞赛情况，群策群力做好竞赛各项工作。

——扩大非公企业竞赛覆盖面。贯彻落实《中华全国总工会关于进一步开展非公企业劳动竞赛的意见》（总工发〔2015〕3号），针对非公企业竞赛工作还比较薄弱的实际，积极探索开展竞赛活动的新途径、新模式，重点推进已建会规模以上非公企业劳动和技能竞赛，带动中小企业竞赛活动的普遍开展。及时总结基层工作经验，积极选树非公企业竞赛典型。

——加强产业工会竞赛工作。充分发挥产业工会的优势和作用，围绕产业发展规划和发展战略，组织动员广大产业职工积极开展形式多样、具有产业特色的竞赛活动，如重大工程竞赛、技能比赛、对标竞赛、厂际竞赛等，在促进产业转型升级，推动产业自主创新上发挥积极作用。

——完善竞赛激励和评估机制。联合政府有关部门建立健全竞赛激励机制，推动企业制定相应的竞赛奖励制度，把职工的职业技术资格晋升、收入待遇与技能提升、创新业绩挂钩，提高技术工人待遇，推动劳动报酬提高和劳动生产率提高同步。开展竞赛活动绩效评估工作，把职工满意不满意、党政支持不支持、社会认可不认可作为竞赛评估的重要内容，通过开展评估工作，选树先进，查找不足，改进工作。

——加强劳动和技能竞赛理论研究。坚持继承与创新相结合，总结推广最佳实践案例，用科学理论指导竞赛实践，推动竞赛不断创新发展。探索运用互联网、大数据等信息化手段，不断创新竞赛形式和载体，使竞赛活动更好地满足广大职工特别是青年职工的需求。加强工会干部特别是基层工会干部队伍建设，进一步提高他们的政策理论水平和活动组织能力。

——加大宣传工作力度。在用好工会系统宣传资源的同时，充分借助主流媒体平台和微博、微信、APP等新媒体手段，做好竞赛宣传工作，及时总结宣传推广竞赛中涌现出来的先进人物、成功做法和典型经验，进一步扩大劳动和技能竞赛的社会影响。

各省（区、市）总工会、各全国产业工会要根据本规划，结合实际制定本地区、本产业劳动和技能竞赛规划。

中华全国总工会关于充分发挥工会在建设知识型、技术型、创新型技术工人队伍中作用的意见

（2016 年 12 月 9 日）

技术工人是推动经济社会发展的重要力量。建设高素质的技术工人队伍，是践行五大发展理念、促进供给侧结构性改革、实施创新驱动发展战略、实现职工全面发展的必然要求。为充分发挥工会在建设知识型、技术型、创新型技术工人队伍中的作用，提出如下意见。

一、目标要求

（一）指导原则。

深入贯彻习近平总书记系列重要讲话精神特别是关于工人阶级和工会工作的重要论述，紧紧围绕国家“十三五”规划的目标任务，以产业结构转型升级对技术工人的需求为导向，以提高职工技能素质和创新能力为着力点，以构建终身学习长效机制为基础，坚持推动企业发展与促进职工全面发展相结合，普遍提高职工技能素质与培养高技能创新领军人才相结合，继承传统有效载体与创新方式方法相结合，大力弘扬劳模精神、劳动精神、工匠精神，培养造就更多“大国工匠”，努力建设知识型、技术型、创新型技术工人队伍，在全面建成小康社会的进程中充分发挥工人阶级主力军作用。

（二）主要目标。

经过一个时期的努力，技术工人队伍不断壮大，高技能人才大量涌现，技术工人队伍建设的体制机制进一步建立健全，技术工人综合素质进一步适应产业结构转型升级和经济社会发展要求。

——广泛开展技能培训和技能竞赛活动，技术工人技能水平不断提高。技能培训和技能比赛方法不断创新，质量不断提升，职工参与面进一步扩大。每年培训技术工人800万人次，为300万名农民工提供就业和创业培训。每年参加企业及以上各级技能比赛的职工2300万人以上，通过技能比赛晋升技术等级的职工达100万以上。

——深入开展职工技术创新活动，技术工人创新能力较大提升。每年完成技术革新80万项，发明创造20万项，总结推广先进操作法20万项，实现量上有发展，质上有提升，成果转化率进一步提高。劳模创新工作室创建活动普遍开展，5年内全国示范性劳模创新工作室总数达到300家，各级劳模创新工作室总数超过10万家。

——进一步强化资金支持和专业服务，技能提升和技术创新扶持制度逐步完善。全国职工技术创新补助资金的示范效应有效发挥，推动建立各级职工创新补助资金。探索不同形式的扶持办法，鼓励技术工人提升技能等级。建立专业技术支持团队，为技术工人提升技能和开展创新提供专业支撑。

二、具体措施

（一）广泛开展培训和学习活动，普遍提升职工职业素养和技能素质。

1. 加强工匠精神培育。把培育工匠精神作为职工素质提升活动的重要内容，注重培育执著专注、精益求精、一丝不苟、追求卓越的工匠精神，增强职工对职业理念、职业使命的认识与理解。深化“中国梦·劳动美”主题教育，推动工匠精神和工匠文化在职工中广泛传播，使工匠精神成为企业文化的重要内容。

2. 充分运用多种培训学习载体。各级工会要根据企业岗位技能要求和职工提升技能素质需要，配合企业行政开展岗前培训、在岗技能提升培训和高技能人才培训，帮助职工学习新知识、掌握新技能、增长新本领。广泛开展新型师带徒活动，总结推广绝招绝技和先进操作法，做好技能传承工作。加强企业班组建设，充分发挥工会小组作用，立足班组开展形式多样的学习活动，把班组建设成技术工人提高技能素质、实现岗位成才的阵地。

3. 构建职工技能培训立体网络。整合工会职工教育和技能培训资源，建立职工技能培训示范点，推动工会系统职工院校由以成人学历教育为主向学历教育和职业技能培训并重转变，由小规模松散式培训向正规化、系统化、规模化、联盟化职业技能培训转变，由依据自身教育资源优势定位培训科目向校企结合、产教链接、工学融合方向转变。加强职工技能实训基地、就业培训基地、农民工技能培训示范基地和工人文化宫的培训能力建设，利用信息通信和网络技术手段，构建工会职业技能教育培训网络平台，为技术工人提供全面、便捷、实用的培训服务。

4. 创新技能培训方式方法。紧跟经济社会发展变化，顺应产业转型升级趋势，加强对技术工人需求的摸底调查，坚持把符合科技进步方向、符合企业发展需求、符合职工学习意愿的内容作为培训重点，增强技能培训的实用性和针对性。善于借用社会培训资源，加强与企业联合办学，强化实操训练，完善现场培训、菜单式培训、上门施训、交流研讨等做法，根据各地实际情况创造性地开展多种形式的培训活动，加快培养掌握运用新知识、新技术、新工艺能力强的技术工人。

5. 注重提升农民工技能素质。积极争取政策支持和培训资源，充分运用职工技能实训基地、农民工技能培训示范基地、就业培训基地，主动承接任务，认真谋划落实，推动实施“农民工职业技能提升计划”。广泛组织动员农民工参加岗位练兵和各个层级的技能比赛活动，提高农民工技能素质。

（二）深化职业技能比赛，不断拓展职工技能提升平台。

6. 扩大技能比赛覆盖面。定期开展全国职工职业技能大赛，发挥示范引领作用。充分发挥地方工会和产业工会两个积极性，地方工会要根据当地产业发展和人才发展战略的需要，开展各级各类职工技能比赛；产业工会要联合有关产（行）业协会或相关政府部门，围绕本产业发展急需的技能人才开展行业技能比赛活动。把产业技能比赛与地方技能比赛结合起来，形成地方和产业全面覆盖、相互交融的技能比赛格局。

7. 提高职工技能比赛质量。把主导技术、前沿技术、急用技术作为技能比赛的重点，实现比赛工种从传统制造业向先进制造业和现代服务业延伸，从传统工种向新兴工种和科技含量高的工种拓展。加强对职工职业技能比赛的管理和指导，总结长期以来行之有效的比赛工作经验，借鉴国际经验，规范管理比赛全过程、各环节，精心设计比赛形式和内容，严格执行比赛标准和纪律，严密管控比赛流程和秩序，确保比赛程序公开、标准公平、结果公正，提高比赛质量，提升比赛实效。广泛动员社会资源参与，不断提高职业技能比赛的影响力和带动力。

8. 增强职业技能比赛效应。坚持以赛促学、以赛促训，抓好赛前培训，激发职工参赛热情，带动技术培训和岗位练兵普遍开展。总结推广基层创造的“网上练兵”、“网上自学”、“岗位对标竞赛”等做法，推动企业把技能比赛办在生产线上、办在岗位上、办在工地上。做好赛后的技术等级晋升，推动形成培训练兵、技能比赛、技术等级晋升一体化机制，把职业技能比赛打造成技术工人成长成才的绿色通道。开展技能交流和推广工作，传播先进操作法，推动更多职工提高技能素质。

（三）全面推动职工创新能力建设，培养创新型技术工人队伍。

9. 深化职工技术创新活动。围绕行业和企业发展战略，针对现场工艺技术关键难题、产业核心技术瓶颈和行业共性技术难题，组织动员职工开展技术协作和技术攻关，着力提高技术工人的创新能力。最大限度地激发职工创新创业活力，引导广大职工开展发明创造活动，争做创造性劳动的典范，为大众创业、万众创新夯实群众基础。在职工中广泛开展现代创新知识培训，普及创新方法、培育创新思维，开展工人发明家沙龙、职工创新论坛、职工科技节等活动，营造鼓励创新的良好环境。

10. 积极开展职工创新成果展示、推广活动。命名先进操作法，开展职工合理化建议、优秀发明选拔赛、岗位绝技绝活展示、职工技能群英会、职工创新成果发布会等活动，积极向政府科技主管部门推荐职工的优秀技术创新成果，为职工搭建创新成果评选、展示、推广平台。

11. 深化劳模创新工作室创建工作。按照提高质量、突出实效、发挥作用、扩大影响的要求，联合政府有关部门，加强工作指导，规范创建工作。每3年命名一批全国示范性劳模创新工作室，并加强评估管理和总结交流，发挥示范性创新工作室引领作用，提高创建工作整体水平。充分发挥劳模创新工作室的技术攻关、技能培训、协同创新等功能，吸引更多职工参与创新活动，培养创新型技术工人。

12. 完善职工技能提升和创新能力建设体系。发挥职工技术协会等职工科技社团作用，建设由专业技术人员、创新能手和能工巧匠组成的专家队伍，为职工提供技术咨询、创新指导、专利申请等专业服务。充分发挥创新攻关领军人才作用，指导支持职工开展技术革新、发明创造等活动，培养造就更多工人发明家。建立职工技能人才库和技术创新成果库，为职工开展技术交流、技术协作、技术攻关构建信息化平台。

（四）推动优化技术工人成长社会环境，促进职工全面发展。

13. 充分反映技术工人诉求。在参与立法和政策制定时，积极推动收入分配制度改革，把提高技术工人工资收入作为健全完善职工工资协商共决、正常增长、支付保障机制的重要内容，促进技能劳动价值在收入分配中得到充分体现，推动提高技术工人待遇。推动健全关于职工技术创新、知识产权保护等方面法律法规，依法保障和激励职工创新创造、提高技能素质。

14. 拓展技术工人职业发展通道。推动企业普遍建立技术工人培养、考核、使用、激励机制。总结推广企业建立管理人员、技术人员、技术工人等不同序列晋升通道的做法，拓展技术工人成长成才空间，更好地激发技术工人成长成才的积极性、主动性。推动企业实行首席工人、首席技师等制度，使高技能人才获得相应报酬，体现应有价值。在技术工人中普及有关职业培训、技术等级提升、技能鉴定等相关法律法规知识，增强技术工人的职业发展意识和维护自身权益的能力。

15. 加强对技术工人培养工作的监督。认真落实财政部等十一部委联合下发的《关于企业职工教育经费提取与使用管理的意见》，监督企业足额提取职工教育培训经费并按规定比例用于企业一线职工的教育和培训，监督企业将职工教育培训经费的提取与使用情况列为厂务公开的内容，向职工代表大会或职工大会报告，定期或不定期进行公开，接受职工代表的质询和全体职工的监督。把对技术工人的培养经费和培训内容等纳入企业集体协商内容。配合各级人大、政协开展专项检查，督促企业落实相关政策和规定。

16. 推动职业技能鉴定工作。推动职业技能鉴定社会化，合理开发利用企业职业技能鉴定机构，探索建立职业技能鉴定社会评价机制，改进方式，简化程序，减少技能等级鉴定的制约因素。各级职工技协要积极创造条件，主动承接技能鉴定工作，为技术工人参加技能鉴定提供便利。总结推广非公企业对暂未纳入国家技能鉴定的工种开展内部技能等级鉴定并设定相应等级待遇的做法。

三、组织实施

（一）加强组织领导。

各级工会要把建设知识型、技术型、创新型技术工人队伍摆上战略高度，纳入重要议事日程，加强组织领导。各全国产业工会和全总机关各部门、职工技协要整合力量，加强顶层设计，把职工技能素质提升作为评价工作的重要指标，合力推动实施。各地方和产业工会要把技术工人队伍建设作为与政府、行业协会召开联席会议的重要议题，积极提出工会的意见和建议，参与和推动相关政策法规制定，争取政府的经费支持，与政府部门联合出台文件，共同开展工作，形成在党委领导和政府支持下，全会上下齐心协力共同推动技术工人队伍建设的局面。

（二）形成工作机制。

加强对国家和地方发展战略的研究，把工会开展的技术工人队伍建设工作纳入到国家和地方发展大局中把握和考虑，建立调查研究、规划制定、措施落实、统计监测、监督考核、表彰激励、经费投入等机制，逐步形成完善的工作制度。地方工会和产业工会要加强协作，从各自职责和优势出发，形成推动工作落实的合力。

（三）强化示范引领。

通过各种新闻媒体，开展多种形式的宣传活动，广泛宣传国家关于技术工人队伍建设的方针政策，及时推广工会推动技术工人队伍建设的成功经验和做法。加大优秀技能人才表彰奖励力度，在工会开展的推荐表彰活动中，应明确高技能创新人才占一定比例。大力宣传“首席技师”、“金牌工人”、“能工巧匠”和技能比赛中涌现出的技术能手等，弘扬工匠精神，激励技术工人肯学肯干肯钻研，练就一身真本领，掌握一手好技术，成长为工匠型人才。扩大职工职业技能大赛、职工优秀技术创新成果展示、劳模创新工作室创建、职工先进操作法命名等工作品牌的社会影响力，在全社会营造尊重劳动、崇尚技能、鼓励创造的良好氛围。

（四）开展对外交流。

着眼于提升技术工人队伍国际竞争力，加强与国外工会和国际工会组织的国际交流与合作，借鉴其在提高工人技能素质和创新能力方面的有益经验，提高工会干部开展技术工人队伍建设工作的能力和水平。积极开展与港澳台地区和国际间职工技能和技术创新学习、交流和比赛活动。

（五）加大经费保障。

全总每年安排一定资金，并积极争取各级政府部门的政策性资金支持，用于加强技术工人队伍建设工作。加强对职工创新专项补助资金使用的管理和监督，大力扶持全国示范性劳模创新工作室的创新项目和技能人才培养项目，充分发挥资金的示范和带动效应。各级工会要根据自身实际设立专项资金，扶持职工技术创新活动，奖励职工技术创新成果，对职工参加技术技能培训并取得技术等级证书的可给予资金补贴，鼓励技术工人提高技能素质。

编者后记

2017 年 2 月 6 日，习近平总书记主持召开中央全面深化改革领导小组第三十二次会议，审议通过《新时期产业工人队伍建设改革方案》。4 月，中共中央、国务院印发《新时期产业工人队伍建设改革方案》。

全国总工会对学习宣传贯彻《新时期产业工人队伍建设改革方案》高度重视，为便于广大职工、工会干部、党政领导和社会各界了解、支持和推进产业工人队伍建设改革，组织编写《新的使命和担当——〈新时期产业工人队伍建设改革方案〉解读》。全国总工会党组书记、副主席、书记处第一书记，推进产业工人队伍建设改革协调小组组长李玉赋为主编，为本书作序并题写书名。全国总工会党组副书记邓凯，全国总工会副主席、书记处书记、党组成员，推进产业工人队伍建设改革协调小组副组长阎京华为副主编。

本书编写人员有（按姓氏笔画为序）：马惠珺、王娇萍、冯永光、吕国泉、毕桂兰、阳万雄、李羿、李蕾、李睿祎、邹广子、张泽、张妍延、逄国君、姜文良、袁朝辉、夏邑、陶志勇、赖金金、廖枢权，他们参加了改革方案的调研和起草。全国总工会研究室主任吕国泉为本书执行副主编，副主任王娇萍、陶志勇为编辑。

本书参考了国内外关于产业工人队伍建设的大量研究成果，限于篇幅不一一列举，特此说明和致谢，并向为本书提供指导帮助的有关领导、专家学者表示谢意。对于本书中存在的不足之处，敬请广大读者批评指正。

2017 年 6 月